云南师范大学学术精品文库

云南师范大学博士科研启动项目"云南农房地震保险风险分担机制优化研究"（项目代码：06900205020503028）阶段性研究成果

云南省教育厅科学研究基金项目"财政支持对云南农房地震保险农户投保行为的影响研究"（项目批准号：2021J0446，项目编号：07700205020503001）阶段性研究成果

农房地震保险试点农户投保行为研究

——以云南为例

张春敏　著

中国社会科学出版社

图书在版编目（CIP）数据

农房地震保险试点农户投保行为研究：以云南为例/张春敏著.
—北京：中国社会科学出版社，2021.5
ISBN 978-7-5203-8305-9

Ⅰ.①农… Ⅱ.①张… Ⅲ.①农村—地震保险—保险法—研究—
中国 Ⅳ.①D922.284.4

中国版本图书馆 CIP 数据核字（2021）第 076149 号

出 版 人	赵剑英
责任编辑	李庆红
责任校对	王佳玉
责任印制	王　超

出　　版	中国社会科学出版社
社　　址	北京鼓楼西大街甲 158 号
邮　　编	100720
网　　址	http：//www.csspw.cn
发 行 部	010 - 84083685
门 市 部	010 - 84029450
经　　销	新华书店及其他书店

印　　刷	北京君升印刷有限公司
装　　订	廊坊市广阳区广增装订厂
版　　次	2021 年 5 月第 1 版
印　　次	2021 年 5 月第 1 次印刷

开　　本	710×1000　1/16
印　　张	13
插　　页	2
字　　数	213 千字
定　　价	69.00 元

前　言

近年来，地震灾害高频次、高强度发生的复杂态势对经济社会发展造成了严重影响。国家出台相关政策来应对巨灾风险，特别是将保险服务提到国家治理高度，并应用于灾害应急管理中。农村作为受地震巨灾影响最为严重的地区，拥有我国最广阔的地震保险市场。为响应《国务院关于加快发展现代保险服务业的若干意见》（简称新"国十条"）等国家政策，云南省于2015年率先展开农房地震保险试点。农房地震保险仍面临农户投保率低下、投保不足等问题。而农房地震保险的承保责任为地震巨灾风险，地震巨灾风险的地区差异表明分地区研究具有非常大的实际意义。云南地处我国西南边疆，农村经济发展水平相对较低，防灾减灾能力也较为薄弱。一旦发生地震巨灾，会对当地经济发展及生命财产安全造成严重影响，也会给政府带来沉重财政负担。故此，本书以地震巨灾风险最严峻、试点时期最长的云南为案例，研究农房地震保险试点中的农户投保行为。

以促进农户的投保行为为目标，基于消费者行为理论、不确定性决策理论、制度经济学理论，构建农户投保行为的内外维度分析框架。投保行为表现为支付意愿和投保意愿，且受内部维度和外部维度共同影响。具体而言，内部维度指投保行为的内在作用机制，包括基于消费者行为理论的投保意愿影响机制，以及基于不确定性行为决策理论的支付意愿价格机制。外部维度指影响投保行为的外部制度环境，最重要的是保费补贴制度，因此，以保费补贴制度为落脚点，构建保费补贴制度对投保意愿的诱导机制，以及对支付意愿的价格机制。

本书结合云南农房地震保险试点数据进行实证检验。内部作用机制方面，一是借助Logistic模型分析投保决策过程因素、农户主观及其他客观因素对投保意愿的影响，其中投保意愿受风险感知、保险认知、教育背景和家庭收入的正向影响，也受到政府灾后救助、应急用品发放、户主年龄及家庭外出务工人数的负向影响。二是测算应缴保费和愿缴保费，通过比较二者以分析支付意愿的价格机制，结果表明最高愿缴保费低于最低应缴保费，农户支付意愿不足。外部作用机制方面，博弈均衡与实证结果指出保费补贴制度通过诱导机制提升投保意愿，通过价格机制弥补农户支付意愿不足，并测算了弥补支付意愿不足的最低保费补贴比例及农户与三级财政的保费分担规模。三是从内外维度提出促进农户投保行为的对策建议，有助于促进农户投保，提高农房地震保险的参保率，对充分发挥保险的风险保障功能、解决农房地震保险试点投保不足问题，具有重要现实意义。研究农房地震保险试点的农户投保行为，是推进综合防灾减灾和应急管理工作的重要制度安排，减少地震巨灾金融脆弱性、解决地方抗震救灾的实际或者潜在融资缺口的重要举措，也是金融服务地方灾害治理的重要课题，具有很强的前瞻性和基础性。同时，为地震巨灾风险区划、农房地震保险费率厘定、保费补贴制度设计提供理论参考。

本书丰富了农房地震保险中的主体行为及保险费率厘定研究，充实了地震巨灾风险管理的实证研究，为保险业参与国家综合防灾减灾救灾工作以及应急管理工作提供思路，为从事灾害风险管理、保险研究与应急管理研究的科研工作者，以及应急管理、灾害保险和地震巨灾风险管理等方面的实践工作者提供参考。

张春敏

2021 年 2 月

目　　录

第一章 绪论

第一节 选题背景与研究意义

一 选题背景

灾害是全球面临的问题，尤其是巨灾风险对一个国家经济社会发展造成的影响极其重大。2017 年，全球共发生 301 起巨灾事件，其中自然灾害 183 起，人为灾害 118 起；死亡或失踪人数多达 11000 人，其中超过8000 人在自然灾害中失踪或者丧生；直接经济损失将近 3370 亿美元，其中自然灾害相关经济损失约为 3300 亿美元。全球范围内，保险承担了大约 1440 亿美元的损失，还存在大约 1930 亿美元的保险"保障缺口"（直接经济损失与保险损失之间的差额）。从 1991 年至 2017 年，按 10 年移动平均值计算，保险赔付增长率为 5.4%，经济增长率为 5.9%，经济损失增速超过了保险赔付的增长。①

联合国国际战略减灾署（United Nations International Strategy for Disaster Reduction，UNISDR）在 2016 年国际减灾日发布的报告中指出：过去20 年中，全世界有 135 万人死于自然灾害，超过 50% 的人死于地震；中国在这 20 年间，死亡总人数为 12.39 万人，其中最致命的自然灾害是地震（UNISDR，2016）。联合国国际战略减灾署在 2017 年发布的《世界行动指南：国际灾害风险评估》一文中指出，地震造成的财产损失，从1985 年的 140 亿美元上升到 2014 年的 1400 亿美元；同期的地震受灾人数，从 6000 万上升到 1.79 亿。地震灾害造成的财产年损失占所有灾害年

---

① 瑞士再保险研究院：《2017 年的自然灾害与人为灾难：损失创纪录的一年》，Sigma，http://www.swissre.com/sigma/，2018 年 7 月 19 日。

损失的 1/5，每年的死亡人数超过了 2.5 万人（UNISDR，2017）。

近百年来，巨灾在我国共发生过 15 次，接近全球巨灾总数的 1/3（何爱平等，2017）。2008 年 5 月 12 日的汶川 8.0 级地震，造成了 6.92 万人遇难，37.46 万人受伤，1.79 万人失踪，直接经济损失达 8452.15 亿元。我国作为世界上受灾最严重的国家之一，随着经济社会的快速发展，灾害发生频率不断上升，我国经济社会面临着日益严重的地震巨灾①风险威胁。

面对地震巨灾等自然灾害的威胁，国家出台相关政策文件将保险业服务提升到国家治理的高度，提升农房地震保险在防灾减灾和灾害应急管理中的作用。2014 年 8 月，《国务院关于加快发展现代保险服务业的若干意见》②（国发〔2014〕29 号）（简称新"国十条"）明确提出将保险纳入灾害事故防范救助体系，建立以商业保险为平台、风险分层分担的巨灾保险制度，鼓励各地根据地震等灾害风险特点，发展农房保险等普惠保险业务，探索有效的保险保障模式。2016 年 12 月，《中共中央国务院出台关于推进防灾减灾救灾体制机制改革的意见》③ 指出，"强化保险等市场机制在风险防范、损失补偿、恢复重建等方面的积极作用，不断扩大保险覆盖面，完善应对灾害的金融支持体系"。2017 年 1 月国务院办公厅印发了《国家综合防灾减灾规划（2016—2020）》④（国办发〔2016〕104 号），指出"发挥保险等市场机制作用，完善应对灾害的金融支持体系，扩大居民住房灾害保险、农业保险覆盖面，加快建立巨灾保险制度"，强调农房地震保险等巨灾保险对提升我国灾害治理水平的关键性作用。2017 年 7 月，国务院办公厅印发了《〈国家突发事件应急体系建设

---

① 地震巨灾指在大范围内造成人员、物质、环境损害的突发性地震灾害事件，且损失程度超出受灾地区自身的承受能力（史培军、刘燕华，2009；张旭升，2010）。

② 中华人民共和国中央人民政府：《国务院关于加快发展现代保险服务业的若干意见》（国发〔2014〕29 号），http://www.gov.cn/zhengce/content/2014-08/13/content_8977.htm，2014 年 8 月 13 日。

③ 中华人民共和国中央人民政府：《中共中央国务院关于推进防灾减灾救灾体制机制改革的意见》，http://www.gov.cn/zhengce/2017-01/10/content_5158595.htm，2016 年 12 月 19 日。

④ 中华人民共和国中央人民政府：《国家综合防灾减灾规划（2016-2020）》（国办发〔2016〕104 号），http://www.gov.cn/zhengce/content/2017-01/13/content_5159459.htm，2017 年 1 月 3 日。

"十三五"规划〉的通知》①（国办发〔2017〕2号），在总体目标方面提出建立"覆盖应急管理全过程"的应急管理体系，表明应急管理将注重向事前减灾准备以及事后恢复转变，保险将有更多机会发挥风险管理功能，明确提出"加快巨灾保险制度建设"。由于地震灾害具有突发性强、破坏性大、次生灾害严重、持续时间长、防御难度大等特点（王和等，2013），因此，地震灾害风险属于巨灾风险（彭钰翔，2014）。以上政策出台表明国家对农房地震保险的高度重视。

保险是风险管理的基本手段（刘新立，2014），从保险的视角分析我国重大自然灾害问题，对于构建适合中国国情的自然灾害防御系统意义重大（杨柳明，2014）。农村作为受地震巨灾影响最为严重的地区，农村住宅分布广泛，我国最广阔的地震巨灾保险市场是在农村（王和、王平，2013）；此外，农房地震保险市场也面临着类似于其他险种的普遍性问题以及与其他险种相区别的特殊性挑战。从农房地震保险的实践看，作为对新"国十条"等国家政策的响应，在全国范围内，云南率先开展省域范围内的政策性农房地震保险试点；与此同时，广西、陕西和江西等省份在原有农房保险的基础上，相继将地震风险纳入农房保险的责任范围。农房地震保险试点至今，面临试点覆盖面窄、农户投保率低下、农户投保不足等问题。关注农房地震保险的直接受益者——农户，分析农户投保行为的内在机理、存在的问题及原因，并提出解决方案，目的在于促进农户做出投保行为，推动该保险的可持续发展，发挥该保险在防灾减灾和应急管理中的作用。

由于地震灾害的孕灾机理、风险规律会随着国家、地区和承灾体的不同而不同，各级政府、承保公司和投保人等行为主体也存在地区差异性，分区域研究农房地震保险具有一定的实际意义。此外，云南省是我国地震活动最频繁、灾害最严重的省份之一。云南地震灾害风险管理实践面临着与日俱增的问题与挑战。

从地理位置看，云南地处印度洋板块与欧亚板块的中国大陆碰撞带东缘，地壳运动十分剧烈，地震活动频率高、震级大、危害重，这决定

---

① 中华人民共和国中央人民政府：《国务院办公厅关于印发〈国家突发事件应急体系建设"十三五"规划〉的通知》（国办发〔2017〕2号），http：//www.gov.cn/zhengce/content/2014 - 08/13/content_ 8977.htm，2017年7月19日。

了云南地震灾害风险属于巨灾风险；从地震发生的时间规律看，根据历史地震资料统计，云南7.0级以上地震平均每10年发生1次，自2011年3月的缅甸7.2级地震以来，云南已经进入新一轮的强震活跃期。由此可见云南面临着日益严峻的地震巨灾风险威胁。再加上云南地处西南边疆，人们主要依赖政府开展地震灾后救助，缺乏有效的地震巨灾风险应对方式。地震巨灾不仅使当地经济受到重创（Cao et al.，2016），而且影响当地人的正常生活（Prati et al.，2014；Xu et al.，2016），对人们的生命财产安全造成严重威胁（何树红，2017），并给政府造成沉重财政负担（张荣长，2013）。故此在研究农房地震保险试点中的农户投保行为时，以地震巨灾最为严峻、试点时期最长的云南为研究案例。

二 研究意义

研究农房地震保险试点的农户投保行为，有助于促进农户投保，提高农房地震保险的参保率，是推进综合防灾减灾和应急管理工作的重要制度安排，是减少地震巨灾金融脆弱性、解决地方抗震救灾的实际或者潜在融资缺口的重要举措，也是金融服务地方灾害治理的重要课题，具有很强的前瞻性和基础性，同时也具有重要的现实性和理论意义。

（一）理论意义

（1）丰富农房地震保险试点的主体行为研究。目前关于农房地震保险试点主体行为的研究较少，从投保行为主体入手，分析政府以保费补贴的方式介入农房地震保险市场对农户投保行为的影响以及相应的均衡问题，丰富了农房地震保险中的主体行为研究。

（2）拓展农房地震保险投保不足的微观分析。目前学术上缺乏从微观行为主体视角分析投保不足的原因，基于新古典经济学的分析框架、行为金融学与博弈论的分析框架，分析农户投保行为的现状、原因及解决方案，拓展农房地震保险投保不足的微观分析。

（3）充实行为金融学研究。本书采用前景理论分析农户的有限理性投保行为，并在行为金融学框架下分析农户投保行为的影响因素，将农户的非理性因素引入新古典经济学分析框架，利用行为金融学的研究方法分析投保主体的决策，是对保险决策行为中异常现象的一个探索，充实了行为金融学的研究。

（4）丰富农房地震保险费率厘定研究。农房地震保险费率厘定是测算农户的应缴保费以及政府保费补贴比例的基础工作，对地震巨灾风险管理意义重大。基于公平精算原则分析农户的应缴保费，根据可获得的最新地震巨灾损失数据，测算包括农房和室内外财产损失在内的农房综合损失对应的纯保费，依据云南省的地震巨灾风险以及最新的风险区划图，将云南省各州市划分为三个风险区域，并计算出各个风险区域内的公平保费，丰富了农房地震保险费率厘定研究。

（5）充实地震巨灾风险管理的实证研究数据。目前国内外灾害风险研究面临的最大挑战是数据缺失，在发展中国家尤为严重（Surminski et al.，2017）。本书通过对国内首例农房地震保险试点地区的农户进行问卷调查和深度访谈，获得一手数据，是农房地震保险实证研究的一个典型且有代表性的数据案例，充实了我国现有地震巨灾风险管理的实证数据。

（二）现实意义

（1）弥补农房地震保险投保不足。通过分析造成农户对农房地震保险投保不足的原因，提出通过发挥农户自身的主观能动性以及通过保费补贴制度的外力刺激，促进农户投保农房地震保险的对策建议，改进农房地震保险投保不足的问题，为农房地震保险的推广提供有益参考。

（2）推动农房地震保险制度的创新与发展。一方面，借助最新的地震巨灾损失数据，厘定包含室内外财产损失在内的农房地震保险公平精算费率，为农房地震保险的费率厘定提供参考。另一方面，通过设计农房地震保险的财政保险补贴机制，为农房地震保险制度的创新与发展提供思路。

（3）提高农房地震保险参与防灾减灾、应急管理的能力。通过新方法、新理论研究地震灾害问题，有利于提高各方行为主体预测、控制和抵御灾害的能力（何爱平等，2017）。通过对农房地震保险试点地区农户投保行为的分析及对财政保费补贴规模的测算，有助于政府从多个角度认识农房地震保险，准确评价农房地震保险的经济效应，为保险业通过农房地震保险参与国家综合防灾减灾救灾工作以及应急管理工作提供思路，为国家财政计划提供参考。

（4）发挥保险在防灾减灾实践以及应急管理中的经济效益。灾害问题的实质是经济问题，防灾减灾是人类应对自然灾害首要的策略选择，也是投入产出效益最高的事业，减灾能够发展经济，有效利用资源，保护环境，提升可持续发展能力（何爱平等，2017）。此外，通过保险资金可以弥补应急资金缺口，提升灾害金融脆弱性。研究农房地震保险试点农户的投保行为，有助于更好地发挥发挥保险在防灾减灾实践以及应急管理中的经济效益，有助于指导人们在获取社会经济效益的同时，保护生存环境，保障人身财产安全，实现可持续发展。

第二节　研究问题的提出与研究目的

一　研究问题的提出

当前我国农房地震保险在理论和实践方面都面临着严峻挑战。从学术研究来看，发达国家的地震巨灾保险研究开始较早，且处于领先地位，我国农房地震保险的研究才刚刚起步，且研究成果较为匮乏，针对农房地震保险农户投保行为的研究较少。从农房地震保险的实践来看，农房地震保险作为保险业参与国家防灾减灾以及应急管理工作的重要方面，其发展面临着试点范围窄、投保率低、农户投保不足的现状。借鉴国内外最新理论研究，拓展农房地震保险研究领域，深化农房地震保险的实践创新，显得紧迫而必要。

由于地震巨灾风险的研究具有地域特征，不同地区面临不同的地震巨灾风险，风险费率应该体现地区差异性（Seko，2019）。从云南面临的地震巨灾风险来看，云南农村地处地震多发的高原地区，农村的经济条件较为落后，农村房屋（以下简称农房）的总体抗震设防水平较低，超过一半的农房属于土木结构，基本不设防，往往小震酿成大灾，农户面临着较高的地震巨灾风险脆弱性，一旦地震发生，会对农户的经济造成巨大损失，影响农村的社会稳定。在全国范围内，云南省率先开展省域范围内的政策性农房地震保险试点。云南农房地震保险试点为全省风险最高、损失最大的地震巨灾承保，将地震灾害受损最严重、与农户切身利益休戚相关的农房和生命作为保障对象，结合云南实际情况，利用保险机制参与"灾前预防、灾害补偿、灾后重建"工作，探索符合云南农村地震巨灾风险管理需求的云南模式。故本书选取地震巨灾风险最为严峻、开展农房地震保险试点时间最长的省份——云南省作为主要案例展开分析。

近年来，国内外地震巨灾保险、农业保险的实践以及众多研究表明，通过实行以财政保费补贴为主的政府支持保障，有助于促进农户形成投保行为。本书借鉴地震巨灾保险、农业保险的研究与减灾实践，探究如何从微观层面促进农户投保，充分发挥农房地震保险的风险分担功能。提出的研究问题包括：

（1）以云南农房地震保险试点为案例，分析地震巨灾风险特征、农房地震保险试点现状，以及农房地震保险的农户投保现状。

（2）诠释农户投保行为的内部作用机制。根据不确定决策理论、农户投保决策理论以及外部性和准公共物品理论，从农户的投保意愿和支付意愿两方面诠释农户投保行为的内部作用机制。

（3）分析农户投保行为中投保意愿的内部作用机制。由于投保意愿解决的是农户为什么投保的问题，故以投保意愿作为农户投保行为的主要衡量指标之一，借助行为金融学理论，开展田野调查，并建立计量模型，分析有限理性假设下农户的投保意愿及显著影响因素，并依据前景理论解释影响机理。

（4）分析农户投保行为中支付意愿的内部作用机制。由于支付意愿解决的是农户投多少的问题，故此以农户的支付意愿作为农户投保行为的另外一个代理变量，建立基于不确定决策理论的农户支付意愿分析框架，并基于云南农房地震保险试点数据进行实证分析，测算农户的应缴保费和愿缴保费，通过比较愿缴保费与应缴保费的关系分析农户的支付意愿现状。

（5）分析外部制度环境中的保费补贴制度对农户投保行为的影响机理。通过对农房地震保险保费补贴制度的现状分析，并结合云南农房地震保险试点数据，分析保费补贴制度对农户投保行为中投保意愿和支付意愿的影响。

通过探讨以上问题，思考从内部作用机制维度提高农户的投保意愿和支付意愿，从外部制度环境维度优化保费补贴制度、刺激农户投保，为提升农户对农房地震保险的投保行为提供理论参考和对策建议。

二 研究目的

云南农房地震保险在地震巨灾风险管理的灾前、灾中和灾后三个阶段发挥着重要作用。在防灾减灾环节，从内部作用机制和外部制度环境两个维度促进农户的投保行为，充分发挥农房地震保险的地震巨灾风险转移功能，进行灾前地震巨灾风险管理，提高地震巨灾风险防范水平，这是本书研究的重点所在。

本书研究的目的在于从农户投保行为的内部作用机制和外部制度环境入手，提升农户的农房地震保险投保行为。首先，农户的投保行为可以从农户的投保意愿和支付意愿两方面阐述。一方面，以行为金融学作为理论基础，深入剖析农户投保行为中的投保意愿及影响因素；另一方面，通过测算完全理性假设下农户应该缴纳的最低保费以及有限理性假设下农户愿意缴纳的最高保费，通过比较农户愿意缴纳保费与农户应缴保费，分析农户对农房地震保险的支付意愿。其次，通过规范分析和实证分析，论证保费补贴制度对农户投保行为的影响作用。最后，从农户投保行为的影响因素方面和从宏观保费补贴制度优化方面，提出促进农户投保行为的具体对策建议。

第三节 研究思路、研究方法与研究内容

一 研究思路

本书以促进农房地震保险试点农户投保为目标，基于农户投保行为的相关理论基础、国内外研究现状以及云南农房地震保险试点的农户投保现状，建立农户投保行为的内外维度分析框架。该框架认为农户的投保行为表现为支付意愿和投保意愿两方面，且内部作用机制和外部制度环境共同影响农户的投保行为。具体而言，内部作用机制包括相关因素对农户投保意愿的影响机制，以及通过应缴保费和愿缴保费反映出来的支付意愿价格机制。而对农户投保行为产生影响的外部制度环境中，最重要的是保费补贴制度。基于此，在农户投保行为的内部作用机制方面，构建了基于消费者行为理论的投保意愿分析框架，以及基于不确定性行为决策理论的支付意愿分析框架。在农户投保行为的外部制度环境方面，剖析了保费补贴制度对农户投保意愿的诱导机制，以及对农户支付意愿的价格机制，建立了保费补贴制度对农户投保行为作用机制的分析框架。基于内外维度框架，从内部作用机制和外部制度环境两个维度，对农户的支付意愿和投保意愿分别做了规范分析。结合云南农房地震保险试点数据，对该框架下农户投保意愿、支付意愿的内部作用机制，以及保费补贴制度对农户投保意愿、支付意愿的影响进行实证研究。最后，形成研究结论，并从外部保费补贴制度和内部作用机制的维度提出了促进农

户投保行为的对策建议。

　　整体的研究思路如图 1.1 所示。

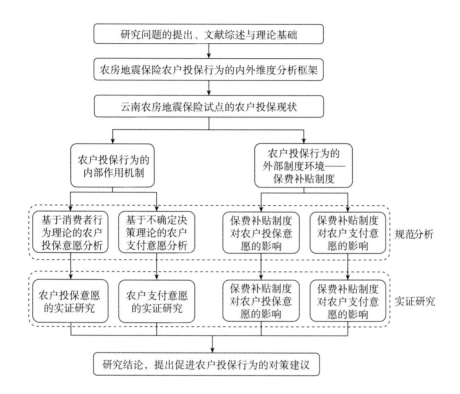

图 1.1　本书整体研究思路

资料来源：笔者自行整理。

二　研究方法

　　涉及的主要研究方法包括交叉学科研究法、文献分析法、实地调研法、规范分析法、实证分析法等。

　　（一）交叉学科研究法

　　研究方法的选取很大程度上取决于研究内容以及研究对象。农户的投保行为的复杂性在于受到外界客观经济社会环境因素以及农户主观的心理和认知偏差的双重影响，农户投保行为的研究涉及行为金融学、经济学、灾害学、新制度经济学、公共经济学和金融学等相关学科。通过跨学科的研究方法，从不同角度分析农户的投保行为。

（二）文献分析法

文献分析法是在收集、梳理国内外相关理论研究成果的基础上，全面了解研究现状、研究内容与思路、研究目的与意义的理论分析方法。通过对国内外研究动态、相关基本概念以及基础理论进行梳理，为全书的分析奠定理论基础。

（三）实地调研法

实地调研方法指与被访者进行面对面交流，通过问卷、深度访谈、座谈会等形式获得一手资料的方法。实地调研方法包括入户问卷调查、部分农户深度访谈以及到承保公司座谈调研。在本书写作的过程中，笔者到云南省大理州农房地震保险试点地区进行实地调研，通过对调研地区农户开展入户问卷调查获取相关资料，与此同时，与村干部、部分农户进行深度访谈，深入了解相关情况，辅助问卷调查结果的分析和阐释。此外还到承保公司进行座谈调研，获取有关农房地震保险运行情况的相关资料。

（四）规范分析法

规范分析法指借用相关学科理论分析本书的研究对象。通过梳理相关研究成果，运用经济学、行为金融学、制度经济学理论，建立农户投保行为的内外维度分析框架。其中，基于消费者行为理论的农户投保意愿分析，基于不确定性行为决策理论的农户支付意愿分析，保费补贴制度通过诱导机制影响农户的投保意愿，通过价格机制影响农户的支付意愿均属于规范分析的范畴。

（五）实证分析法

实证分析法指的是立足于现实情况，基于客观数据研究农户的投保行为，实证分析建立在规范分析的基础上，是对规范分析结果合理性的进一步验证，并提出相关对策建议。对问卷调研数据进行描述统计分析、Logistic 回归分析，检验关于农户投保意愿影响因素假设的合理性，此外，根据公平精算原理厘定农房地震保险费率也属于实证分析方法的应用

三　研究内容

本书涵盖了选题背景、文献综述、农户投保行为的基础理论与分析框架、云南农房地震保险试点现状及农户投保现状、农户投保行为中的投保意愿和支付意愿分析，以及保费补贴对农户投保行为的影响，最后

为研究结论和对策建议与研究展望。研究内容结构安排如下:

第一章为绪论部分。介绍本书研究问题的选题背景,据此提出研究问题和研究目的,阐述研究思路、研究方法、研究内容,并分析可能的创新之处。

第二章为文献综述与理论基础。界定了农房地震保险、农房地震保险主体及其行为、保费补贴制度等基础概念,回顾了农房地震保险属性、农户投保行为、保费补贴制度对投保行为影响的相关文献。最后,介绍了消费者行为理论、不确定性决策理论以及准公共物品与外部性理论等农户投保行为的基础理论。

第三章为农户投保行为的理论分析框架构建。基于农户投保行为的理论研究,构建了农户投保行为的内外维度分析框架。该框架认为农户的投保行为表现为支付意愿和投保意愿两方面,且内部作用机制和外部制度环境共同影响农户的投保行为。该章从内部作用机制和外部制度环境维度,对投保行为中的支付意愿和投保意愿做了规范分析,为后文实证分析奠定基础。

第四章为云南农房地震保险试点及农户投保现状分析。首先从孕灾环境的稳定性、致灾因子的风险性以及承灾体的脆弱性分析了云南的地震巨灾风险。其次梳理了云南农房地震保险试点的发展历程及试点情况。最后,从内部维度和外部维度分析了农房地震保险试点农户的投保现状。

第五章为农户投保行为的内部作用机制分析——基于投保意愿的视角。分析消费者行为理论下,农户投保意愿的内部作用机制。以中国首例农房地震保险试点作为个案观察,通过实证分析,剖析农房地震保险试点农户投保意愿及影响因素,并结合行为金融学理论解释影响因素的作用机理。

第六章为农户投保行为的内部作用机制分析——基于支付意愿的视角。分析不确定性行为决策理论下,农户支付意愿的内部作用机制。由于支付意愿的价格机制通过应缴保费和愿缴保费体现,因此该章基于云南农房地震保险试点数据,测算期望效用下的应缴保费以及前景理论下的愿缴保费,最后通过比较二者,探究农户支付意愿的价格机制。

第七章为农户投保行为的外部作用机制分析——基于保费补贴制度的视角。从保费补贴制度入手,分析保费补贴制度对投保意愿和支付意愿的影响。从博弈均衡分析的角度，分析保费补贴制度通过诱导机制影响农户的投保意愿。紧接着，分析保费补贴制度通过价格机制影响农户的支付意愿。从最低保费补贴比例、三级财政保费补贴分担比例以及农户与政府的保费分担比例三个维度，测算为弥补支付意愿不足，政府需要提供的保费补贴规模。此外，针对保费补贴制度存在的问题，提出促进农户投保行为的保费补贴制度优化思路。

第八章为研究结论与对策建议。基于本书建立的内外维度分析框架，以及规范分析和实证研究结果，提出主要研究结论及促进农户投保行为的对策建议。并结合不足之处，提出有待进一步研究的问题。

本书的研究结构如图1.2所示。

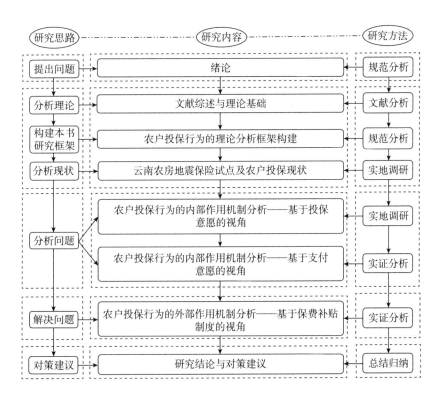

图1.2　本书的研究结构

资料来源：笔者自行整理。

第四节 研究的创新之处

本书以农户的投保行为为出发点，建立了农户投保行为的内外维度分析框架，并基于云南农房地震保险试点数据进行实证检验，可能的创新之处在于：

第一，构建了农房地震保险试点农户投保行为的内外维度分析框架，该框架认为农户的投保行为表现为支付意愿和投保意愿两方面，且内部作用机制和外部制度环境共同影响农户的投保行为。内部作用机制包括相关因素对投保意愿的影响机制，以及通过应缴保费和愿缴保费反映出来的支付意愿的价格机制。外部制度环境对农户投保行为的影响表现为保费补贴制度对农户投保意愿的诱导机制，以及对农户支付意愿的价格机制。该模型考察了农房地震保险试点农户投保行为的形成机理，在理论方面有一定新意。

第二，通过实地调研获取云南农房地震保险试点地区农户投保行为的相关数据，并通过实证分析，结合行为金融学理论分析、消费者行为理论，识别出对农户投保意愿有显著影响的农户决策过程因素、主观因素和客观因素，并阐释了影响机理，为促进农户投保提供思路。

第三，根据最新的农房综合损失数据以及中国地震动参数区划图[①]，计算了云南省各州市的地震巨灾风险危险度、防御指数、脆弱性指数以及风险区划指数，并据此测算了云南省风险区域、州市的农房地震保险户均保费，最后得到为弥补农户支付意愿不足的最低保费补贴比例，以及农户与省级、州市、县区三级财政需要承担的保费规模，为地震巨灾风险分析、农房地震保险费率厘定以及保费补贴制度的设计提供有益参考。

---

① 中华人民共和国国家质量监督检验检疫总局、中国国家标准化管理委员会：《GB 18306—2015 中国地震动参数区划图》，http://www.gb18306.cn/，2016 年 8 月 2 日。

第二章　文献综述与理论基础

第一节　概念界定

一　地震灾害、地震巨灾与地震巨灾风险

(一) 地震灾害

Quarantelli (2001) 认为定义灾害应根据事故造成的后果，而非其包含的内容。灾害的定义有定量和定性之分 (王和、王俊，2013)，本书从定性角度界定灾害。保险学认为灾害是危害人类生命财产和生存条件的各类事故 (张旭升，2010)。具有脆弱性 (vulnerability) 的人类，暴露 (exposure) 在致灾因子 (hazard) 的有害威胁之下，使正常生活遭受损失，这些对人类造成危害的事件就是灾害。

大部分地震灾害的发生和地质构造直接相关。地震活动指地壳中积累的地应力超过岩石圈承受限度，导致岩石圈突然断裂或错位，从而使得地球内能以地震波形式被强烈释放出来，并引起一定范围内地面震动的现象 (王和、王平，2013)。

一般按照致灾因子来定义灾害类型 (唐彦东，2011)。地震灾害属于自然灾害中的地质灾害，且具有突发性，一旦发生，就会造成较为严重的经济损失和人员伤亡，对人类社会的破坏性极大。

(二) 地震巨灾

地震灾害造成的损失由经济损失和人员伤亡两个指标来表达。未来 50 年，随着人口增长和城市化进程的加快，自然灾害的潜在损失将会被扩大，更多人口将面临突发性地震风险。[①] 损失程度是保险的参考参数之

---

① 瑞士再保险研究院：《2017 年的自然灾害与人为灾难：损失创纪录的一年》，*Sigma*，http：//www. swissre. com/sigma/，2018 年 7 月 19 日。

一，然而保险理赔更需要关注的是保险损失（即保险索赔额），并非统计全部灾害损失。

相对于灾害，巨灾（catastrophe）是影响程度更为严重的一种灾害。研究者尚未对巨灾的定义形成定论。本书根据瑞士再保险研究院、联合国国际战略减灾署、史培军和刘燕华（2009）、张旭升（2010）等对巨灾的定义，相应地将地震巨灾定义为：在大范围内造成人员、物质、环境损害的突发性地震灾害事件，且损失程度超出受灾地区自身的承受能力。

地震巨灾的性质可以从概率[①]、严重程度[②]和脆弱性[③]等方面进行考量（Blaikie 等，2004）。按照地震巨灾的特征可将其归纳为影响范围广（王化楠，2013）、严重程度大（丁元昊，2012）、发生概率小（范丽萍，2015）的事件。

（三）地震巨灾风险

地震巨灾风险的概念与地震巨灾有所区别。地震巨灾是从事后认定已发生的事故，对待巨灾的办法是损失评估、保险赔付与灾后救助。而地震巨灾风险是从事前角度，对尚未发生、可能发生的不确定损失进行认定，应对地震巨灾风险的办法是运用保险等制度安排进行风险预防与控制。本书将地震巨灾风险定义为：由地震灾害造成的损失，超过各行为主体承受能力的不确定性。

地震灾害具有突发性强、破坏性大、次生灾害严重、持续时间长、防御难度大等特点（王和、平王，2013），以上特点决定了地震灾害具有巨灾性质，地震灾害风险属于巨灾风险（彭钰翔，2014）。此外，绝大多数地震保险仅针对地震烈度在Ⅵ度及以上，或震级在5.0级以及上的地震

---

① 概率指的是未来地震发生的可能性大小，相对而言频率表示某一段时间内发生的地震次数与该时间长度的比值。

② 严重程度衡量的是经济损失程度或地震灾害的强度和破坏程度。由于每次地震巨灾发生时间和地点不一样，无法对地震巨灾严重程度进行精确测量。目前公认的一些衡量地震巨灾的方法包括衡量地震的里氏震级，震级是表征地震强弱的度量，是划分震源释放能量大小的等级，以及中国统一震级 Ms，其结果是取多个地震台所报的平均震级。

③ 脆弱性是衡量社区、组织、服务或地理区域受到特定灾害影响而被破坏的度量。红十字会与红新月会国际联合会（International Federation of Red Cross and Red Crescent，IFRC）将脆弱性定义扩充为"个人、团体预测、应对、抵御和从自然或人为灾害影响中恢复过来的能力的性质"（IFRC，1999）。综上所述，可以得到巨灾脆弱性的定义：巨灾致灾因子所在地区的地理、生态和社会经济等系统对巨灾致灾因子的易受影响程度，且巨灾造成的损失超过了自身系统的承受能力，需依靠外界应对、抵御灾害且从灾害影响中恢复过来的能力的性质。

进行赔付。这决定了农房地震保险针对的是地震巨灾风险。

地震巨灾风险具有共生性。地震灾害一旦发生，将使同一区域内相关的行为主体面临巨大风险损失。地震灾害风险的共生性，使巨灾呈现影响范围广、严重程度大的特征。此外，地震巨灾风险有群发性和伴生性。一种巨灾的发生，往往接连触发另一种或几种巨灾，即所谓的次生灾害，导致经济损失和人员伤亡进一步扩大，出现多种自然灾害交替、累积并持续发生。一次地震巨灾风险事故会诱发多重巨灾风险事故，最终造成巨大灾难（艾瑞克等，2011）。

二　农房地震保险

（一）农房地震保险的概念

农房地震保险属于巨灾保险中的地震巨灾保险，也属于农业保险中的农房保险。从巨灾保险的角度看，农房地震保险指主要保险标的为农房的地震巨灾保险；从"三农"保险的角度看，农房地震保险属于包含地震风险责任在内的农房保险，其相互关系见图 2.1。

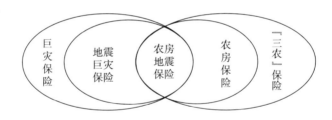

图 2.1　农房地震保险与巨灾保险、"三农"保险的关系

资料来源：笔者自行整理。

农房地震保险指投保人根据合同规定，向保险人支付保费，承保人对保险合同中可能发生事故造成的经济损失承担赔偿保险金责任。农房地震保险从本质上讲是一种经济补偿机制，即把具有同类风险的投保行为主体集合在一起，以合理计算分担资金的方式，对承受事故损失者进行经济补偿的行为。

从经济学角度看，农房地震保险是集合同类风险单位以分担地震巨灾损失的一种财务行为，是应对地震巨灾风险的金融策略。从法律角度来看，农房地震保险是投保人与保险人之间达成的如何处理地震巨灾损失的合同行为，反映行为主体之间的权利义务关系。从社会功能角度看，农房地震保险是一种地震巨灾风险转移机制，在参与分摊补偿的行为主体间形成的一种分配关系。

（二）农房地震保险的内涵与外延

从保险学原理看，可以从保险标的、保险实施方式、保险属性、保险责任和保险的本质功能等方面理解农房地震保险。

地震巨灾保险按保险标的分为财产保险和人身保险。鉴于我国现有的城乡二元经济结构，城市和农村的建筑抗震水平、经济发展水平和管理水平都具有极大差距。我国广大农村地区居民面临远高于城市地区的地震巨灾风险，故此将城市和农村分开研究较为科学。本书讨论的农房地震保险，其保险标的为试点地区农村居民的主要生产、生活用房，即农房以及室内外财产，属于财产保险。

按照实施方式，地震巨灾保险可以分为自愿保险和强制保险。我国目前的农房地震保险试点为适度强制的政策性保险，采取政府统保的方式或者是政策支持下，居民自筹部分保费的方式推行农房地震保险。

从保险属性来看，农房地震保险可以分为政策性地震巨灾保险和商业性地震巨灾保险两种。目前的农房地震保险试点中，大理、玉溪和临沧试点采用的是政府引导、承保人商业运作模式，属于政策性农房地震保险，而丽江试点是承保人按照市场经济规律运作的商业性地震保险。

按照保险责任，可以将其分为单一地震责任险和以多种自然灾害风险为保险责任的综合巨灾保险，或把地震巨灾保险责任作为主险的附加险。由于农房地震保险仅针对地震烈度在VI度及以上或震级在5.0级及以上的地震进行赔付，故此农房地震保险试点的保险责任仅针对单一的地震巨灾风险。

从本质功能看，保险可以分为保障性保险、投资性保险和保障投资性保险。保障性保险，其性质类似于一般消费品（郭振华，2016），若在保险期间内，投保人可获得保险金，若不出险，则保单到保险期限末终止。农房地震保险试点只具有保障功能，不具有投资功能。

综上所述，本书研究的农房地震保险以现行农房地震保险试点为蓝本，综合各试点方案优势，同时又与其有所区别。由于政府补助、农户自愿投保的形式是农房地震保险发展的趋势所在，再加上为方便后文分析，本书的农房地震保险的投保人为农户，主要保险标的为农房及室内外财产损失，保险责任为地震巨灾风险，由政府补贴、农户自愿投保，且具有保障功能的政策性保险。

三 农房地震保险的主体及其行为

参与农房地震保险的三大经济主体为政府、以主承保公司为主的共保体和农户。[①] 其中农户为投保人，以主承保公司为主的共保体为承保人，各级政府为提供政策、财政、行政支持的行为主体。由于农户的投保行为离不开共保体的承保行为以及政府的支持行为，故此下文对三大主体及其行为分别进行阐述。

（一）农房地震保险的政府主体及其支持保障行为

在农房地震保险市场中，政府既是政治主体也是经济主体，政府决策行为包括政治和经济支持行为两方面。本书关注的是政府的经济属性，即政府作为经济主体，介入农房地震保险市场中，目的在于提高资源配置的效率。

政府通过财政政策为市场提供公共产品或服务是政府主体的经济支持行为之一（魏钢等，2017）。政府在地震巨灾风险管理中，扮演着重要角色。在目前的农房地震保险试点地区，各级对农房地震保险给予行政、政策支持，对投保农户给予保费补贴，调节农房地震保险市场的供需均衡。本书关注的政府支持保障行为主要为政府实行保费补贴制度的行为。

（二）农房地震保险的共保体及其承保行为

企业是以盈利为目的，将生产要素转化为商品或者服务、自主经营、自负盈亏的经济主体。传统微观经济学认为市场通过价格机制进行资源配置。Coase 的制度分析方法[②]，认为市场需要价格机制和企业机制的共同作用实现资源配置 Coase（1937）。企业机制是通过企业的一系列行为发挥资源配置的作用来完成的 Coase（1960）。

在农房地震保险市场中，保险公司作为企业，是保险市场的供给者，其主要行为是承保农房地震保险。由于一家保险公司无法独自为地震巨灾风险造成的损失进行赔付，故此需要多家保险公司共同参与，成立地

---

① 本书未将社会组织这一行为主体考虑在内，原因在于本书的研究对象是农户的投保行为，与之直接相关行为主体为政府及农户，社会组织并非直接相关的行为主体。此外社会组织参与灾害救助属于自愿行为，受社会道德或个人意愿驱动，不受经济规律、市场机制调控（何爱平等，2017），不属于农房地震保险市场的研究范畴。

② 制度分析方法：与边际分析相区别，通过分析经济现象，以解释现象背后的经济运行规则和制度基础（刘伟等，1989）。

震保险共同体（以下简称"共保体"）。共保体中的主承保公司代表成员公司与各级政府部门协同合作，提供农房地震保险服务。

（三）农房地震保险试点农户及其投保行为

家庭作为独立的经济单元（曼昆，2013），其行为常常等同于个人行为。本书以农户作为基本单位展开研究，农户是试点地区的投保行为主体。我国目前的农房地震保险仍处于试点阶段，故此主要针对试点地区农户开展实证研究。农房地震保险试点农户指的是开展农房地震保险试点地区，以户为单位的农村居民。

本书根据葛文芳（2006）对投保行为的定义，将试点农户投保行为界定为：试点地区农户为应对地震巨灾风险威胁，满足家庭对农房地震保险的投保需求，在投保动机的驱使下，做出是否投保农房地震保险的行为。

（四）农户与政府、共保体间的相互关系

农户的投保行为能够影响到共保体的承保行为以及政府介入农房地震保险市场的支持保障行为，对农房地震保险在云南农村地区的市场推广影响重大，故此分析农户的投保行为是推动农房保险市场发展急需解决的关键问题。此外，政府和共保体的行为也会反过来影响农户的投保行为。目前农房地震保险试点中存在农户与政府的互动关系，而承保人由于保险制度设计的原因，缺乏与农户的直接接触，所以暂时无法通过实证方法，客观剖析承保人与农户之间的互动关系。此外，政府在农房地震保险试点推行的过程中扮演重要角色，政府引导、保费补贴等支持保障行为不可避免地影响着农户的投保行为。因此，立足现实，本书接下来会着重考虑政府和农户两方行为主体之间的关系。农户的投保行为与政府的支持保障行为、共保体的承保行为息息相关，其相互关系如图2.2所示。

四　保费补贴制度

陈共（2017）把财政补贴定义为：通过影响相对价格，以改变资源配置结构、供给结构、需求结构的政府无偿转移性支出。在我国加入世界贸易组织（World Trade Organization，WTO）之前，财政补贴主要分为政策性补贴（价格补贴）和企业亏损补贴两大类，还包括其他的财政贴息、专项补贴以及税收支出等补贴项目。在加入WTO之后，财政补贴被划归为"对企事业单位的补贴"和"对个人和家庭的补助"两个科目，前

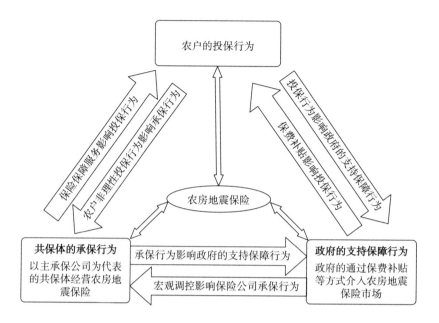

图 2.2　农户投保行为与政府支持保障行为、共保体承保行为的相互关系

资料来源：笔者自行整理。

者包括企业政策性补贴、财政贴息、事业单位补贴等，后者包括对个人的购房补贴、生产补贴以及提租补贴等。

　　WTO 制定的《补贴与反补贴措施协议》认为，财政补贴是成员国政府或者公共机构，通过对企业或产业提供财政补助、价格、收入进行支持，以促进出口、限制进口的一种国际贸易手段。财政补贴划分为不可诉补贴（"绿箱"补贴）、可诉补贴（"黄箱"补贴）和禁止性补贴。其中不可诉补贴包括不具有专项性的补贴、给予基础研究的援助性补贴、给予贫困地区的补贴、为适应新环境而给予的补贴，以及用于鼓励农业研究与开发的补贴。

　　保费补贴制度作为政府调节农房地震保险市场的一种制度手段，属于不可诉补贴，政府通过对农房地震保险实施保费补贴，鼓励更多农户投保。财政补贴按照政府主体层级划分，可以分为中央政府财政补贴和地方政府财政补贴。农房地震保险属于省域范围内的保险试点，其保费补贴制度属于地方财政保费补贴制度。

第二节　文献综述

一　农房地震保险属性的文献综述

首先，由于地震风险属于巨灾风险，从经济学的角度看，农房地震保险以地震巨灾风险为承保对象，不具有可保性。20 世纪 90 年代前，Borch（1962）、Mossin（1968）、Eeckhoudt 等（1995）等经济学家倡导最优保险模式下的风险分担机制，认为各经济主体能够实现期望效用最大化，且社会可达到全额承保。然而 Gollier（1997）认为巨灾风险不满足最优保险模式下的风险分担机制，巨灾风险属于不可保风险。从统计上看，地震巨灾风险不具有可保性。由于保险是一种以风险分布的大数定律为前提假设的风险管理手段，而地震巨灾风险的损失拟合曲线具有"长尾性"，不适用于大数法则（王和、王平，2013）。从承保人的角度看，地震巨灾风险属于系统风险且面临较高的不确定性，使得承保人不愿意为其承保，导致地震巨灾保险的有效供给不足。

其次，地震巨灾风险属于公共风险[①]，单靠市场手段管理效果有限，需要政府介入。政府的介入使得农房地震保险成为具有外部性的准公共物品。按照市场原则（范丽萍，2015），未投保农户在受灾后无法获得地震巨灾损失赔偿。然而在实践中，未投保农户常常可以搭便车，享受农房地震保险的外溢福利，最终导致农户投保不足。因此该保险的正常运行，需要政府通过保费补贴等方式介入。

除此之外，农房地震保险属于普惠保险。[②] 云南农房地震保险主要是为农村和偏远地区农户提供保险服务，需要国家政策保障以及财政资金的介入。

最后，农房地震保险面临逆向选择和道德风险问题。农房地震保险

[①] 福利经济学将风险划分为私人风险和公共风险。私人风险指由一方故意或过失引起的风险，一般不会产生大范围的蝴蝶效应，具有相对独立性，借助市场手段可进行有效管理；公共风险与道德无关，对公共风险进行管理有助于减少公共风险和增进公共福祉（钱振伟，2017）。

[②] 普惠保险（inclusive insurance）指的是以机会平等和商业可持续为原则，在成本可负担的前提下，为社会各阶层和群体提供适当、有效的保险服务，以满足其保险需求，普惠保险旨在保持社会稳定和促进经济社会的可持续发展。

的逆向选择问题一方面表现为区域差异导致的逆向选择，地震多发区农户相对于地震少发区农户更愿意投保农房地震保险；另一方面表现为地震活跃时间差异导致的逆向选择，农户在地震活动频繁时期比在安静期更愿意投保农房地震保险。农房地震保险的道德风险体现在农户、承保人和政府三个方面（王和、王平，2013）。一是农户可能为高危住房投保、通过弄虚作假行为进行骗保；二是承保人在保险定价、保险定损理赔中可能出现欺诈行为；三是基层地方政府可能不适当干涉承保人的查勘定损，导致正当保费的减少和赔付率的人为提高。农房地震保险面临逆向选择和道德风险的问题，使得农房地震保险无法广泛覆盖，以达到风险分散的目的，农户对农房地震保险的投保不足。

二 农户投保行为的文献综述

（一）消费者行为理论下的农户投保行为研究

农户投保行为的研究以消费者行为理论为基础，目前农户投保决策的研究多集中于农业保险、新型农村合作医疗保险等保险项目，探索行为主体投保行为的理论框架，以及分析农户投保行为中投保意愿、支付意愿等的影响因素。消费者行为理论下的投保行为研究可以分为过程论和结果论（吴玉锋，2012）。过程论关注的是农户投保前、投保中和投保后与决策程序相关的行为，包括风险认知、收集信息、方案评估、做出投保行为和保后评价共五个阶段，五个阶段是一个封闭的循环。过程论强调投保决策阶段性特征的动态分析，结果论关注决策结果的静态分析。持过程论的学者认为，在分析农户的投保行为决策时，应该考虑从保险需求识别到保后评价的整个过程。结果论关注农户在投保决策过程中做出的最后投保行为，主要从农户投保行为中的投保意愿和支付意愿的角度出发，对农户的投保行为的影响因素进行实证分析。

较多学者从不同角度研究了消费者行为理论下的农户投保行为决策过程。张述林（1996）提出包含需求识别、搜寻信息、评价投保行为、决定投保及投保后评估的复合决策模型。葛文芳（2006）强调了投保动机对形成投保行为的重要性，而投保动机是保险需求和外界诱因共同引致的，作者将投保决策过程分为风险认知、收集信息、方案评估、做出投保行为、保后评价共五个阶段。毕红静（2008）将农民参与新型农村合作医疗保险的行为划分为五个步骤，作者以激励和制约为分析视角，认为新型农村合作医疗保险的服务质量、政府职能等因素能够影响农户的参保行为。吴玉锋（2012）认为，农民的投保决策横向包括信息搜寻、保险评估和参保行为三个层面，纵向包括农民个体和村域社区两个维度。

此外，有学者就投保决策的结果——投保行为，从不同角度进行剖析。庞楷（2010）从需求、供给及环境角度分析我国城乡居民人身保险消费行为的影响因素和作用机制，归纳了该保险投保行为的发展趋势、影响及促进策略。冯祥锦（2012）对森林保险投保行为及影响因素进行了分析，且探讨了有限理性、信息不对称等条件下的投保行为机理，结果表明政府保费补贴对于修正森林保险市场失灵意义重大。秦涛等（2013）基于期望效用理论，分析了森林企业对森林保险支付意愿的影响因素，提出通过优化保费补贴制度等措施提高投保意愿的建议。秦芳（2016）分析了金融知识对商业保险投保行为的影响，研究表明金融知识的增加能够提高居民的保险参与度。

（二）不确定性行为决策理论下的农户投保行为研究

根据微观经济学原理，研究消费者行为选择的落脚点是效用分析，故此学者基于不确定性行为决策理论，从效用角度分析农户的投保行为。

期望效用理论作为不确定条件下的规范性决策理论框架，被广泛运用到保险的规范研究中。例如，李晓霞、陈志杰（2007）运用零效用原理，分析了风险厌恶投保人期望效用最大时的最优保险。吴秀君、王先甲（2009）基于序期望效用理论建立了洪水保险的需求模型，分析了投保人对洪水保险的选择行为。胡渊（2010）通过期望效用理论分析了帕累托最优保险合约，并为农业保险的发展提出了对策建议。

新古典经济学的理性经济人、效用最大化等假设不一定适合保险市场的不确定决策行为（Kahneman、Tversky，1979；Kunreuther et al.，2013）。而且个体可得性偏差的存在使得个体做出非理性决策（Battersby，2018），由此可见，新古典经济学框架下的期望效用未必能够解释所有保险现象。故学者们开始运用前景理论，分析保险市场中的行为决策问题（Takao et al.，2009）。

前景理论在保险行为决策中的应用包括三个层面。一是将非理性因素引入新古典经济学框架，分析保险决策行为中的异常现象（简称异象，anomalies）。例如，陈滔、完颜瑞云（2009）通过宏观数据分析认为民族文化和宗教因素对保险业的发展影响显著。二是利用行为经济学或行为金融学的研究方法分析保险市场中相关主体的保险决策行为。（Kahneman、Tversky，1979）首次依据前景理论，分析了行为主体的保险决策行为。三是尝试建立系统的行为保险学理论框架。Takao 等（2009）提出了传统保险经济学无法解释众多的保险异象，建议构建以行为经济学和行为金融学为基础的研究保险市场的行为保险学。

现有研究尝试对投保人的不确定决策行为做出解释，然而无法建立统一的风险决策框架，因为研究结论具有场景依赖性，且会因研究假设、研究对象、研究时间等的不同而存在差异（Richter et al.，2014）。Tausch 等（2014）通过实验方法发现能够按照一阶随机占优排序的风险组合具有较高的逆向选择倾向，即逆向选择对个体风险分担意愿的影响程度取决于风险异质性。Friedl 等（2014）检验了社会比较和社会参照点对风险决策的影响，结果认为手机保险等存在异质性风险的保险的支付意愿远高于灾害保险等关联性风险保险。Bommier 等（2014）认为风险厌恶导致年金保险的购买意愿较低，因为无风险储蓄为三分之一的日常消费提供了资金。这些文献的共性在于采用行为经济学、行为金融学的方法分析保险市场，展现了不同现实情况中的个体投保行为。

（三）农户投保行为的影响因素研究

很多文献从居民的风险感知、投保意愿（Willing to Insure，WTI）或支付意愿（Willing to Pay，WTP）等方面探讨巨灾保险中投保行为的影响因素。可能影响农户投保行为的因素包括但不局限于：政府救助（Botzen et al.，2012；Kuo，2016；Pynn et al.，1999；Sauter et al.，2016；Wang et al.，2009）、性别（Yoko，2014）、年龄和教育背景（Abbas et al.，2015）、收入（Athavale et al.，2011；Tian et al.，2015）、地理位置（Wang et al.，2012）、房屋结构类型（Tian et al.，2014）、受灾经历（Oral et al.，2015；Seifert et al.，2013）、风险感知（Kunreuther，1976；Seifert et al.，2013）、保险经历（Abbas et al.，2015）、焦虑感和从众心理（昆雷泽等，2011）。

较多文献讨论了政府救助和居民投保之间的关系，认为政府救助会抑制居民投保。Pynn 等（1999）的研究表明，政府减灾行为会减少居民投保地震保险。与之相类似，Athavale 等（2011）发现，家庭对政府灾后救助的期待妨碍了部分家庭购买保险。此外，Botzen 等（2012）和 Sauter 等（2016）的研究均证明灾后政府经济救助会降低保险需求。

然而绝大多数学者认为，政府提供保费补贴有助于解决市场失灵，刺激投保，提高保险市场效率，例如 Wang 等（2009）对中国地震巨灾保险的支付意愿研究表明，政府救助对农户的投保意愿造成负面影响；Tian 等（2015）指出逆向选择问题的存在，使得接受了政府救助的农户的保险支付意愿较低。但是对于经济相对落后且脆弱性较高的地区，政府在保险开展初期，为农户支付地震巨灾保险保费，是较为宜的过渡性措施（Tian et al.，2014）。Sauter 等（2016）认为对巨灾保险的保费补贴可以促进个体的投保行为。由此可见，大多数研究认为，政府灾后救助行为对居民投保存在挤出效应。Raschky 等（2007）将该现象定义为慈善危机（charity hazard），即居民期待政府救助，却拒绝通过投保应对灾害的现象。

风险感知和保险认知因素是另外两个研究较多的投保行为影响因素。Kunreuther（1976）认为保险的购买行为和投保人的风险感知水平有关。Pynn 等（1999）对此持同样的观点，认为人们投保的首要动机是风险感知。Botzen 等（2012）提出人们对洪水风险的感知水平是投保灾害保险的决定性因素。Seifert 等（2013）通过比较德国和荷兰的洪水保险，认为居民的投保行为取决于居民的风险经历、风险感知、慈善危机等因素。Abbas 等（2015）认为年龄、非农收入以及保险认知决定了居民是否愿意投保洪水保险。

此外，有较多文献考虑了投保人的收入、性别、年龄等社会人口因素对投保行为的影响。林宝清（1992）认为收入对农户的投保需求有积极作用。保险需求是一种弹性需求，正如尾雷泽等（2011）指出的，只有生活必需品得到满足之后，若仍然有剩余资金，个体行为人才会购买保险。除财务预算之外，保险行为还受到居民的风险感知、焦虑感、从众心理的影响。Athavale 等（2011）观察到地震巨灾保险需求是相对收入弹性需求和完全价格弹性需求，即地震保险需求随收入、风险感知的变化而变化，但是不受价格影响。Abbas 等（2015）则认为灾害保险的投保意愿与风险感知无关，主要取决于投保人的财务地位。Tian 等（2015）的结论与之相似，认为较富有村庄对地震巨灾保险的参与度更高。由此可见，收入是影响农户投保行为的关键因素。邓湘博（2018）的研究表明，农户的风险意识、保险认知度、家庭收入和年龄是影响农户投保满意度的关键因素。

不仅如此，有学者就居民防损行为[1]、风险暴露程度与投保行为之间的关系作了探讨。田玲、屠娟（2014）以房屋加固与否、房屋类型作为风险暴露程度的代理变量，研究农房风险暴露程度与风险感知之间的关系。此外，祝伟、陈秉正（2015）的研究结果表明居民的防损行为、年龄、教育背景、政府灾后救助能对巨灾保险投保行为产生显著影响。

从研究方法来看，由于国外地震巨灾保险积累的数据较为丰富，学者多采用历史数据进行地震巨灾保险的实证分析。然而历史数据无法将主观因素纳入其内，且我国农房地震保险的研究刚刚起步，数据较为缺乏，故此较多学者采用实地调研等微观实证分析方法开展农房地震保险研究（田玲等，2015）。例如，周志刚（2014）基于地震风险感知与地震保险购买意愿的个体微观数据，利用结构方程模型的实证研究方法验证了风险感知对地震保险投保意愿的影响。田玲、屠娟（2014）通过问卷调查，获得云南省楚雄州农户风险感知与其影响因素的微观数据，对分析感知的影响因素进行了分析。此外，Zhang 等（2018）在云南省大理州农房地震保险试点地区，开展农户投保行为的问卷调查，获得了农户投保意愿及潜在影响因素的微观数据，通过统计建模识别农户投保行为的显著影响因素，并提出对策建议。另外，马丽雅（2019）基于对大理州农房地震保险试点的实地调研，研究了试点绩效的影响因素并提出了改进方案。

三　保费补贴制度对投保行为影响的文献综述

（一）政府介入巨灾保险市场的重要性研究

由于地震巨灾保险市场（包含农房地震保险市场在内）失灵表现出交易费用、逆向选择、保险欺诈等问题，以及地震巨灾保险的特殊经济、统计性质，导致地震巨灾风险的分担机制无法按照传统的最优保险模式进行，以达到全额保险的状态。正如 Wright 等（1994）指出，若无政府介入，巨灾保险无法依靠价格机制，自动实现市场供需平衡，结果导致地震巨灾保险市场失灵，无法实现资源的有效配置。地震巨灾保险市场需要政府干预，建立行为主体长期合作的巨灾风险分散机制（Gollier，2014）。郭振华（2018）认为通过政府介入与保险公司市场化手段的联合，可以纠正保险市场失灵。

---

[1]　防损行为指的是为降低地震风险事故发生概率而采取的行为（祝伟，2015）。

政府介入巨灾保险市场的重要性研究主要针对综合巨灾展开。周志刚（2005）从巨灾风险的可保性入手，认为政府应主动干预巨灾保险市场，弥补巨灾保险投保不足、解决逆向选择和道德风险问题。王学冉（2013）从委托代理理论视角，认为公私合作模式适合我国巨灾保险市场，通过设计激励与约束机制，可解决该模式的委托代理问题。刘明波（2014）从公私合营视角设计融资机制，认为政府应介入巨灾保险市场，与承保人共同分担巨灾融资风险。刘妍等（2018）认为应通过政府介入，提供政策支持，提升巨灾保险普惠性。

专门针对农房地震保险的政府介入研究较少。田玲、姚鹏（2013a）分析了不同风险容忍度[①]下的风险分担机制，结果表明地震巨灾风险越大，则更加需要政府介入，分担地震巨灾风险损失。赵尚梅等（2015）研究了政府以应急准备金的形式介入地震巨灾保险市场，并对政府应急准备金规模进行了测算。

从研究视域看，政府介入巨灾保险市场的研究主要从宏观角度开展，从微观行为主体角度入手的研究较为缺乏。在灾种研究上，以综合巨灾保险研究居多。从实证研究看，由于地震巨灾风险数据匮乏，近年来，更多研究通过田野调查等方法开展微观实证分析，研究内容主要集中在投保行为、风险感知及影响因素分析等方面（Abbas et al.，2015；Tian et al.，2015；Tian et al.，2014；Wang et al.，2012）。

（二）保费补贴制度对农户投保行为的影响研究

政府介入保险市场利弊分析，一直在学界争议颇大。政府救助可能造成撒玛利亚困境（昆雷泽等，2011），政府直接灾后财政救助对农户的投保行为具有抑制作用，而政府介入农房地震保险市场更为有效的方式是给予保费补贴。

国内专门针对农房地震保险保费补贴的研究集中于政策研究。例如，王翔等（2015）和李幸（2015）提出农房地震保险应实行保费补贴的对策建议，然而并未分析保费补贴与农户投保行为之间的关系，也未对保费补贴制度进行具体设计和测算。有部分研究从理论方面，分析地震巨灾保险市场中的保费补贴制度。王和等（2013）指出政府介入巨灾保险

---

① 风险容忍度指的是可以容忍巨灾风险发生的概率，若风险容忍度为0.01，则表示可以容忍的最大巨灾风险为平均一百年发生一次（田玲等，2013）。

市场最为有效、最经济的方法是提供财政支持，一是通过设立巨灾基金，充当最终再保险人的角色；二是为承保人提供再保险的支持承诺；三是为低收入者提供保费补贴。通过财政支持让不同收入阶层都能获得巨灾保险保障。田玲等（2015）以及刘沐泽（2015）的研究认为，应根据人均财政收入测算各级政府保费补贴的财政分担比例。

不仅针对农房地震保险保费补贴政策的研究较少，而且保费补贴制度对农户投保行为影响的研究更鲜有涉及。然而，有大量关于巨灾保险、农业保险的研究讨论了保费补贴制度对农户投保行为的影响。一方面，农房地震保险本身属于巨灾保险；另一方面，农房地震保险和农业保险均属于政策性"三农"保险，均具有正外部性，二者具有一定的相似性。故此，本书会借鉴巨灾保险、农业保险保费补贴制度的研究成果，为研究农房地震保险保费补贴制度与农户投保行为之间的关系提供参考。

当政府以保费补贴的方式介入巨灾保险或者农业保险市场时，主体的行为决策与均衡问题就成为博弈问题。较多文献采用动态博弈的思想分析保费补贴与农户投保行为之间的关系。王文举（2011）利用博弈模型以及复杂适应理论进行动态仿真，分析各行为主体之间的决策行为。刘蔚（2017）应用完全信息动态博弈分析在有无政府保费补贴的情况下，农户和承保人的内在行为逻辑。田敏等（2019）分析了农户、承保人和政府的三方动态博弈，认为农户存在心理账户现象，导致投保率过低，而政府的介入对农业保险的发展意义重大。此外还有学者采用动态演化博弈论和非合作博弈分析保险行为主体之间的相关关系。例如，卓志、邝启宇（2014）分析了巨灾保险市场上，政府、承保人和投保人三方的演化博弈均衡，结果认为行为主体的有限理性导致难以达到理论上的演化稳定策略均衡点，而政府介入能够刺激巨灾保险市场达到均衡。陈利（2014）通过合作博弈分析，认为政府的保费补贴能够刺激农户的农业巨灾保险投保意愿，需要政府通过政策支持和财政补贴间接诱导行为主体共同参与。

四 文献评述

（一）农房地震保险属性的文献评述

通过以上的文献梳理可知，农房地震保险具有正的外部性，面临逆向选择和道德风险的问题，导致市场机制难以起到配置资源的作用。此外，从保险价格机制看，由于存在正外部性，若按照公平精算保费定价，则投保人无法支付高额保费；若按照农户的支付能力定价，则投保人无法支付高额的保险赔付。因此需要政府的政策和财政手段介入，提高保险市场资源配置的效率，调节供需平衡。

（二）农户投保行为的文献评述

从消费者行为理论下的农户投保行为研究来看，现有研究从动态决策过程和投保决策结果两方面展开农户投保行为分析。农户投保行为的结果论和过程论并不冲突，只是二者的侧重点不同。结果论注重对投保行为的解释，过程论注重农户做出决策的整个动态过程。由于农户投保决策过程本身过于复杂，难以通过简单的理论或者实证分析刻画，故此从结果论入手更接近实际情况。然而，本书并非仅仅考虑农户最后的投保行为，还考虑了决策过程中各个影响因素对农户投保行为的影响，即通过分析投保决策过程识别投保行为的影响因素。

从不确定性行为决策理论下的农户投保行为研究来看，现有研究主要包括理性假设下投保行为的期望效用研究以及有限理性假设下投保行为的前景理论研究。相对于经典的期望效用理论来说，前景理论能够很好地解释农户的非理性行为决策，然而前景理论作为概念模型，其参数推导和计算复杂，在进行数值分析时多参照 Kahneman、Tversky（1979）和 Tversky、Kahneman（1992）的参数取值。不仅如此，前景理论框架下的研究结论可能会随着研究假设、研究对象、研究时间等的变化而变化，故此无法建立统一的风险决策模型框架。

从农户的投保行为影响因素来看，较多研究认为灾后政府的直接救助抑制地震巨灾保险市场的发展，政府灾后救助行为对地震巨灾保险需求具有挤出效应。另外，反映风险暴露程度的房屋结构等客观因素，风险感知、保险认知、收入、性别、年龄和教育背景等人口社会因素，以及居民的自发减灾行为会对农户的投保行为产生影响。国外学者从福利经济学、行为金融学、灾害经济学等角度，通过宏观分析和微观实证分析等方法研究投保行为的影响因素。而国内由于相关数据较为缺乏，多采用实地调研等微观方法研究农户投保行为的影响因素。

（三）保费补贴制度与投保行为的文献评述

从政府介入农房地震保险市场的研究来看，农房地震保险的特殊性质决定了政府介入的必然性。政府的介入能够解决农房地震保险市场失灵，实现资源的有效配置。然而，目前政府介入巨灾保险市场的重要性研究主要针对综合巨灾展开，专门针对农房地震保险研究较少。从研究视域看，政府介入巨灾保险市场的研究主要从宏观角度开展，从微观行为主体角度入手的研究较为缺乏。从实证研究看，由于地震巨灾风险数据匮乏，微观实证分析是主流的研究方法。

从保费补贴促进农户投保行为的研究来看，保费补贴制度是较为有效的政府介入保险市场方式。国内专门针对农房地震保险保费补贴的研究较少，关于保费补贴制度对农户投保行为影响的研究更是缺乏。为弥补现有文献的不足之处，借鉴了巨灾保险、农业保险中的保费补贴研究，为本书提供参考。其中较多文献采用博弈论思想，通过动态演化博弈论和合作博弈方法，分析保险行为主体之间的关系。通过参考巨灾保险、农业保险保费补贴制度的研究思路和分析方法，结合农房地震保险的特性，探究保费补贴制度与投保行为之间的关系。

综上所述，学者们对综合巨灾保险、农业保险中农户投保行为与保费补贴制度做了深入研究，但是对农房地震保险的研究不多，对农房地震保险中的农户投保行为的研究尤为缺乏。然而，农房地震保险的属性决定了农户投保存在先天不足，政府的介入必不可少。因此农房地震保险的农户投保行为是一个有待研究、且意义重大的问题，可以作为本书的研究核心。

第三节　农户投保行为的理论基础

一　消费者行为理论

（一）消费者行为

按照消费者行为学（曹旭平、唐娟，2017），狭义的消费者行为指消费者的购买行为和对消费品的实际消费。广义的消费者行为指消费者以索取、使用、处置消费品为目的所采取的各种行为，并包括取得消费收入，以及先于且决定这些行为的一系列决策过程。消费者的行为包含消费者消费态度形成的行为决策过程，以及实际的消费者购买行为，二者相互影响形成消费者行为的完整过程。消费者的购买决策过程如图2.3所示。

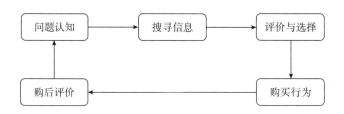

图 2.3 消费者行为决策过程

资料来源：笔者自行整理。

根据消费者选择理论（曼昆，2013），农户对农房地震保险的需求为农户愿意且能够购买的农房地震保险数量。再加之，消费者的行为选择指的是消费者在既定预算约束下，为实现效用最大化原则，而选择自身最偏好的消费束（范里安，2008）。由此可知，偏好指消费者是否愿意购买，即购买意愿；预算约束和效用最大化，指消费者是否有能力购买，即支付意愿。购买意愿和支付意愿共同决定了消费者行为。

（二）消费者行为模式

消费者行为模式是分析消费者行为的基本构架，其中最基本的模式是消费者消费行为的一般模式。其他较为典型的消费者行为模式包括：尼科西亚模式、恩格尔—科拉特—布莱克威尔（Engel - Kollat - Blackwell，EKB）模式、霍华德—谢思模式以及科特勒行为模式。

消费行为的一般模式，以人类行为的"刺激—个体生理、心理—反应"模式为蓝本，认为消费者自身的生理、心理因素以及外部刺激因素共同影响消费者的消费活动心理，并形成消费动机。之后，消费动机驱动消费者做出消费决策，形成购买行为，并进行售后评价，该过程为一次完整的消费者行为的决策过程。消费行为的一般模式整理如图2.4所示。

图 2.4 消费者行为的一般模式

资料来源：曹旭平、唐娟：《消费者行为学》，清华大学出版社 2017 年版。

尼科西亚模式于 1966 年提出，共包含四部分内容：首先为信息传递部分，消费者内化企业传递的信息，形成消费态度。其次为购买动机形成，消费者通过调查和评价商品形成购买动机。再次为消费者基于购买动机做出消费决策，采取购买行动。最后为信息反馈，消费者的消费行为信息被消费者存贮，作为二次购买的参考，或将信息反馈回企业。① 尼科西亚模式清楚地呈现了消费者从接受信息到心理处理，再到形成行为决策的整个过程，然而该模式未考虑外界因素对消费者行为的影响。

恩格尔—科拉特—布莱克威尔模式的核心在于从购买决策过程分析消费者行为，同样包含四个模块。一是中枢控制系统，也就是消费者心理活动过程，二是消费者对商品刺激因素的信息处理过程，三是外部环境因素对消费者行为的影响，四是消费者基于自身的问题认知、内心评估以及外部探索，形成决策过程。在内外因素的共同作用下，做出消费行为，并形成消费后评价。② 在该模式中，消费者的行为受到内部因素和外部因素的共同影响。消费者依据自身的个性、认知和经验，处理外界刺激因素、环境因素，经过一系列的心理活动，最后做出消费行为。恩格尔—科拉特—布莱克威尔模式能够较为完整地反映消费者的心理活动。

霍华德—谢思模式考虑了影响消费者行为的四大因素。该模式表明产品实物以及社会刺激均属于消费行为的投入因素，另外消费行为还受到文化、个性等外在因素的影响，二者共同作用，影响消费者心理活动的内在因素，最后形成消费者行为。③ 与其他模式相比，该模式认为消费者选择性地接受投入因素的信息输入，与此同时，消费者会主动收集相关信息，这些信息更新消费者的心理状态，且形成新信息，对消费者的行为决策产生影响。

科特勒行为选择模式，强调了购买者受到营销刺激和外部环境刺激的双重影响，再加之，消费者存在个体差异，内部维度和外部维度的因素共同作用形成了消费者的行为选择（盛敏，2007）。科特勒行为选择模式强调的是，除产品相关的营销因素之外，外部制度、经济环境因素也

---

① MBA 智库百科：《尼科西亚模式》，https：//wiki. mbalib. com/wiki/，2015 年 4 月 9 日。
② MBA 智库百科：《恩格尔—科拉特—布莱克威尔模式》，https：//wiki. mbalib. com/wiki/，2015 年 4 月 9 日。
③ MBA 智库百科：《霍华德—谢思模式》，https：//wiki. mbalib. com/wiki/，2015 年 4 月 9 日。

会影响消费者的行为选择。

二　不确定性行为决策理论

（一）投保行为决策的不确定性

行为决策是决策者从决策对象的各种可能性中，选择相对满意状态作为决策目标，并通过影响决策对象，进而达到决策目标的行为活动。有效决策行为的关键在于，根据客观情况制定决策目标，不断调整决策系统，以期用最少成本获得最多收益。不确定性决策涉及经济学、金融学以及心理学等多个学科。不确定性决策理论是研究不确定情况下的决策理论，这些不确定性包括：行为主体心理、行为的不确定，决策过程中制度环境的不确定以及行为主体相互作用造成的不确定。决策理论的核心在于如何表达行为主体的主观价值函数，刻画行为主体对客观价值的心理转化（王晓田、王鹏，2013）。

绝大多数投保人都是以规避风险为目的，通过投保将不确定的地震巨灾风险转化为确定的保费支出以及可预期的保险补偿。投保行为是投保人为转嫁不确定风险而做出的经济行为。投保行为属于不确定性决策行为，体现在两个方面：一方面，地震巨灾是否发生、是否能够获得预期的保险补偿，以及市场的外部制度环境的不确定性，使得农户在不确定条件下做出是否投保的行为选择；另一方面，受限于个体认知偏差、心理偏差，农户的投保决策过程存在不确定性。二者共同说明农户的投保行为属于不确定性决策行为。

涉及的不确定决策理论包括：理性假设下的期望效用理论和有限理性假设下的前景理论。期望效用理论作为不确定条件下，分析理性人行为选择的规范性决策理论框架，被广泛运用到保险实证研究和规范研究中。而前景理论能更好地描述行为主体在行为决策时的实际心理转换，是不确定条件下的描述性模型。与期望效用理论不同的是，在前景理论中效用值用前景值（prospect）来表述。

（二）期望效用理论

新古典经济学认为，理性经济人以利己为原则，力求以最小付出，获得最大的经济效益；除了利己主义以外，理性经济人行为表现为在竞争环境中实现个体效用最大化。效用最大化是经济学分析的重要前提假设，是微观经济学行为主体做出决策的目标函数。效用的价值体现在为个体谋得福利、避免痛苦，效用具有边际效用递减的特性。Bernoulli

（1954）提出的边际效用递减原理和风险条件下的最大效用原理，构成了期望效用的主要原理。效用函数反映个体的行为偏好。

新古典金融学认为，行为主体的理性假设代表了理性预期、回避风险、追求效用最大化的心理（饶育蕾等，2019）。理性预期指行为主体的主观概率是客观、无偏的，并按照"贝叶斯规则"被不断修正，使之接近实际概率。回避风险指行为主体是风险规避的，行为主体用预期收益率和方差度量未来收益和风险，其做决策的依据为一定风险条件下的收益最大化原则，或者一定收益条件下的风险最小化原则。

不确定性决策行为通常用期望效用理论来评价。期望效用理论和有效市场假说是新古典经济学的标准分析范式。作为风险决策的规范理论，期望效用理论最早由 Von Neumann 等（1944）提出。且由 Arrow（1973）、Borch（1962，1968）首先将该理论引入保险研究当中。

该理论指出，在客观概率存在的前提下，理性行为主体能够对所有可能结果赋予效用值，并实现自身效用最大化。理性假设下，风险决策的最终结果为各种结果的加权和，行为主体寻求的是加权和的期望效用最大化。假设只存在两种风险财富状态 x_1 和 x_2，获得两种财富的概率分别为 p 和 $1-p$，其中 $0<p<1$，风险规避的行为主体偏好确定性所得，即厌恶风险所得，其期望效用函数为：

$$U(px_1, (1-p)x_2) > pU(x_1) + (1-p)U(x_2) \tag{2-1}$$

行为主体的风险厌恶可以用 Jensen 不等式 $E[U(x)] \leqslant U[E(x)]$ 表示，说明确定性所得的期望效用高于不确定所得的期望效用。此外，风险规避的期望效用函数具有三个性质：一是期望效用函数在时间上是可加的；二是行为个体的财富越多则效用越高，即 $U'(x)>0$；三是随着财富增加，其边际效用递减，即 $U''(x)<0$，说明期望效用函数为凹函数，$U''(x)$ 也表示行为个体对风险的厌恶程度。

（三）前景理论

随着个体决策和偏好研究的发展，某些现实问题难以根据理性决策理论进行解释，因此期望效用的公理性假设被逐渐放宽，该理论逐渐被修正和替代。例如 Machina（1982）放弃了独立性公理，提出不依赖于独立性公理的期望效用理论分析框架。几乎同一时期，Loomes 等（1982）放弃了传递性公理，提出了后悔理论，该理论允许循环选择的出现，针对的是偏好反转的问题。之后，Machina（1989）将系统性违例行为考虑在效用分析之内，提出了基于不确定性的非期望效用模型。此外，Gilboa 等（1995）针对埃尔斯伯格悖论，用非累加概率作为效用权重，提出了非可加性效用模型。

然而对期望效用理论的修正只是让现象适应理论，而不是用理论解释现象。为了更合理地解释经济现象，Simon（1956）提出有限理性的概念，指出决策者在获取和处理信息时面临着认知局限。最终由 Kahneman、Tversky（1979）提出了前景理论，该理论解释了主体如何评估不确定性情况下的前景值，如何进行不确定情况下的行为选择（贝克、诺夫辛格，2017）。该理论认为决策与先天认知局限无关，却受情绪、直觉因素、个体财富和地位的相对状态影响。该理论不属于规范性理论，分析预测的是统计上的群体（样本）平均行为。

前景理论的提出对行为经济学和行为金融学的发展意义重大。行为经济学研究的是具有心理特征的行为主体，在经济过程中的行为选择（贺京同等，2015）。随着金融市场异象的大量出现，传统金融学中的有效市场假设、理性经济人假设受到质疑（Shleifer，2000），至此行为金融学开始兴起。行为金融学研究有限理性下，行为主体的特征、心理倾向以及主观预期（董志勇，2009）。行为金融学研究的关键主题包括：直觉推断、框架、情绪和市场冲击。该理论早期关注于研究行为主体的行为表现及对市场的影响，近期开始研究如何避免行为主体认知偏误及其对市场、政策环境的影响，帮助投资者、公司做出更好的金融决策（贝克、诺夫辛格，2017）。

前景理论以及其他行为金融学、行为经济学理论在保险研究中的应用形成了行为保险学（Takao et al.，2009）。Battersby（2018）指出，保险市场中的消费者存在可得性偏差，以至于无法做出理性的行为决策。由于投保人的非理性，再加上保险市场上存在众多的不确定性因素，行为保险学研究的是非理性、不确定的保险市场中经济主体的行为模式（Sung et al. 2011；完颜瑞云、锁凌燕，2016）。

然而，由于前景理论研究的是现实生活中特性假设、特定场景下的经济现象、金融现象或保险现象，其研究结果缺乏普适性（贺京同等，2015）。

三 外部性与准公共物品理论

外部性指个体行为对旁观者福利的影响，这种影响既不需要支付报酬，同时也得不到报酬（曼昆，2013）。个体行为对旁观者产生的正向影响称为正的外部性，与之相反，对旁观者产生负向影响则称为负的外部性。根据经济学原理——人们会对激励做出反应，负的外部性使得社会成本大于私人成本，社会最优产量低于均衡数量，政府通过税收等手段介入，使得市场均衡量趋近社会最优量，从而实现负的外部性内在化。正的外部性使得私人价值小于社会价值，社会最优产量高于市场量，政府通过补贴制度，使得市场均衡靠近社会最优产量，实现正的外部性内在化。

农房地震保险的准公共物品性质是由外部性引起的。根据公共经济学理论，准公共物品可以由政府提供，也可以由市场提供，还可以二者混合提供。对于具有正外部性的产品或服务，政府以给予补贴、贷款贴息、减免税收等方式提供（陈共，2017）。

公共物品私人提供的问题，最早是 Coase（1974）在《经济学中的灯塔》一文中提出，之后由 Cowen（1992）作了进一步阐述，认为市场能够找到更加创新的方法，提供公共物品（准公共物品），解决搭便车的问题，市场提供相对于政府提供的效率更高。我国私人提供公共物品的模式有公私合作、政府购买服务以及公共项目的建设—经营—转让模式等（陈共，2017）。

对于有外部性的准公共物品，较多研究认为较好的提供方式是混合提供。以农业巨灾保险为例，陈利（2014）提倡政府和市场合作，采取政府诱导、保险公司发挥核心作用的方式提供农业巨灾保险；刘蔚（2017）提出通过保费补贴制度，修正农业保险的外部性，弥补农业保险难以市场化等问题。由此可见，政府介入、市场主导的方式，是目前较为认可的巨灾保险运作模式。一方面，可以缓解灾后救助的财政压力，保障财政收支平衡，提高政府的防灾减灾能力；另一方面，通过发挥保险公司的经营管理优势，有助于减少政府直接运作的低效率以及政府运作对保险公司的挤出效应，实现市场运作。

四 理论启示

根据农房地震保险的定义可知，农房地震保险属于一般消费品，因此农户的投保行为属于消费者行为。透过回顾消费者行为理论，明确消费者行为的特征、消费者行为决策过程，以及消费者行为的分析模式，有助于建立后文的农户投保行为理论分析框架，并识别投保行为的重要的影响因素。首先，从消费者行为理论中可以得到的启示是，作为消费者行为的一种，农户的投保行为表现为购买意愿和支付意愿两个方面，在无法量化投保行为时，可以用购买（投保）意愿和支付意愿作为农户投保行为的代理变量。其次，由于消费者行为是其行为决策过程的一个结果，故影响消费者行为决策过程的因素也是决定消费者行为的重要因素，这为后文分析农户投保行为的影响因素提供了思路。最后，从消费者行为的分析模式可以看出，内部刺激和外部刺激是影响消费者行为的两个重要方面，基于此，可以从内部和外部两个维度建立农户投保行为的分析框架。

再加之，根据微观经济学理论，消费者以效用最大化为目标做出行为选择，故此研究消费者行为的一个核心问题是构造效用函数。且农户的投保行为选择是在不确定情景下的行为决策，故此，还介绍了不确定情景下，与消费者行为选择效用相关的不确定性决策理论。借助理性假设下的期望效用理论和有限理性假设下的前景理论，来量化完全理性和有限理性条件下的农户行为效用值，实现农户支付意愿的定量分析。

除此之外，在提供农房地震保险服务的过程中，未投保农户可以搭便车，享受该保险的外溢福利，由此说明该保险属于具有正外部性的准公共物品。外部性和准公共物品理论说明了政府介入农房地震保险市场的必要性。再加上，文献综述部分指出，农房地震保险的属性决定农户投保存在先天不足，政府的介入必不可少。这为后文通过实施保费补贴制度促进农户投保行为奠定了理论基础。

第四节　本章小结

本章首先对农房地震保险、农房地震保险主体及其行为、保费补贴制度等基础概念进行了界定，回顾了农房地震保险属性、农户投保行为、保费补贴制度对投保行为影响的相关文献。其次对相关文献进行了评述，梳理了研究问题的理论研究现状，揭示了可供进一步研究的方向。最后，介绍了消费者行为理论、不确定性决策理论以及准公共物品与外部性理论等农户投保行为相关的基础理论，总结了基础理论对构建研究分析框架的启示。

第三章 农户投保行为的理论分析框架构建

基于农户投保行为的理论基础，并结合新制度经济学、行为金融学理论，首先剖析了农户的投保行为，并构建农户投保行为的内外维度分析框架。随后，基于该框架，从投保意愿和支付意愿两个维度，剖析农户投保行为的内部作用机制以及外部制度环境中的保费补贴制度对农户投保行为的影响机制。

第一节 农户投保行为的内外维度
分析框架构建

一 农户的投保行为分析

（一）农户投保决策程序分析

农房地震保险作为消费品，农户的投保行为属于消费者的消费行为。根据消费者行为理论可知，农户的投保行为是投保决策特征和规律的体现，故此分析农户的投保行为需要落脚到农户的投保决策过程。通过分析投保决策程序，了解农户的投保行为形成过程，且得出农户投保行为的影响因素。

张述林（1996）指出在保险市场中，投保人的决策过程包括投保需要识别、信息搜寻、评价投保行为、做出投保行为以及投保后评估。与之相类似，葛文芳（2006）将投保决策过程分为风险认知、收集信息、方案评估、做出投保行为、保后评价五个阶段。此外，毕红静（2008）将农户参保行为划分为：知情权、参与权、就医权、报销权和再投保。综上所述，本书将农户的投保决策程序分为以下几个阶段：

第一，认识投保需求。当农户感知到自家农房面临的地震巨灾风险，以及自身的地震巨灾风险应对能力，并且意识到仅靠自身力量无法应对地震巨灾风险，实际情况与个体风险规避需求之间存在差距，并产生了解决问题的紧迫感时，就产生了投保需求，这标志着投保行为的开始。

第二，产生投保动机。风险感知和保险认知共同形成了农户的投保需求，再加上政府引导农户投保、保险公司的宣传服务等外界诱因共同作用形成了农户的投保动机，即农户为了消除投保需求和外在诱因造成的紧张感的内在历程，投保动机是引导投保行为的关键因素。

第三，收集信息。当农户有通过保险规避地震巨灾风险的需求时，就开始收集保险相关的信息，农房地震保险是可供农户选择的农房地震巨灾风险应对产品。此时农户对农房地震保险的认知，或者过往的投保经验在形成农户的投保需求当中起到了极大的促进作用。

第四，方案评估。农户对收集到的信息进行整理，形成不同的评估方案。农户首先确定自己的评估原则，这些原则是农户对保险费率、保险责任范围等内容的评价标准，之后农户根据确定的原则对收集到的信息进行评价。

第五，做出投保行为。在农户对所有对方案评价之后，就可以做出是否投保的决策。在此阶段，除了前面阶段的理性分析结果之外，农户的投保行为还会受到农户主观因素和外部环境因素的影响。影响农户投保行为的主观因素包括农户的性别、年龄、教育等社会人口学特征，以及农户认知偏差和心理偏差造成的心理内在因素；影响农户投保行为的外部环境因素包括当地民俗文化、经济发展状态以及面临的地震巨灾风险严峻程度。

第六，投保后评价。农户投保之后，会对自己的投保行为做出满意度评价，即评估投保的产品是否能够满足农户自身的期望。农户对自己投保的保险产品是否满意，将影响到以后的投保行为。如果农户在投保决策过程中体验良好，且对投保的保险比较满意，那么农户第一次的投保行为会对农户的风险感知和保险认知起到积极促进作用，有助于促进农户再次投保。

从现有研究对投保决策程序的描述可以看出投保决策过程是一个心理和行为的循环过程，农户一次决策程序形成的参保行为会影响农户的再次投保行为。国外较多研究也表明农户采取投保行为会刺激农户的减灾行为（Haer et al.，2017；Surminski et al.，2015；Surminski et al.，2017），反过来有助于提高农户的风险感知水平和保险认知水平，进而促进农户的投保需求，进一步提高农户的投保行为，形成良性循环。农户投保决策程序如图 3.1 所示。

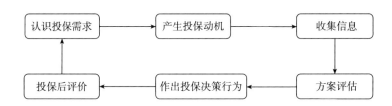

图 3.1　农户投保决策程序

资料来源：笔者自行整理。

（二）农户投保行为模式分析

根据消费者行为模式以及农户投保行为的决策程序，可以得到农户投保农房地震保险的行为模式。农户投保的行为模式包含了农户投保行为的决策过程，整个过程受到内部因素和外部因素的共同作用。从内部维度看，农户受到个体、心理因素的影响；从外部维度看，农户受到制度等外部因素的影响。农户在内、外因素的影响下，经过一系列心理活动而产生投保动机。之后，投保动机驱动消费者做出投保决策，形成投保行为，并进行投保后评价，农户投保行为模式的一般框架整理如图 3.2 所示。

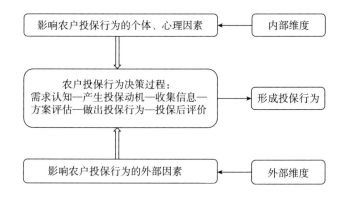

图 3.2　农户投保行为模式

资料来源：笔者自行整理。

（三）农户投保行为形成机理分析

农户的投保行为属于消费者行为，故根据消费者行为理论，从学理上分析作为消费者的农户的投保行为。广义的农户投保行为指农户为了投保农房地震保险所采取的各种行动，包括投保之前的行为以及决定这些行动的决策过程，包括投保决策过程以及形成投保行为两个部分。本书研究的是狭义的投保行为，指的是农户在投保决策过程中形成的是否投保的行为选择。由于投保行为与投保决策程序密不可分，因此分析投保程序中农户投保行为的形成机理，有助于进一步理解农户投保行为。

在考虑农户的投保行为时，由于本书的农房地震保险是综合各试点地区情况提出的理论险种，并非现行试点地区实际运行的险种，无从做出投保后评价，故未将投保后评价包含在理论分析框架内。此外，根据不确定行为决策理论中的前景理论可知，投保决策过程分为编辑阶段和评估阶段。结合上文建立的农户投保决策程序，结合前景理论，建立农户投保行为的形成过程，如图3.3所示。具体而言，从风险感知、保险认知直到形成保险动机属于行为金融学中的编辑阶段，从投保决策内容分析到做出投保行为属于行为金融学的评估阶段。

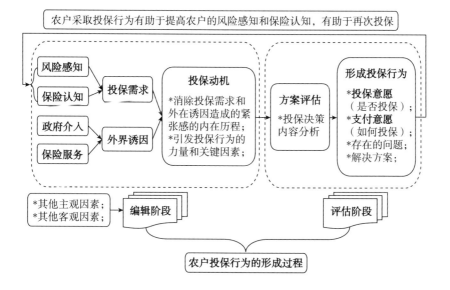

图3.3　农户投保行为的形成过程

资料来源：笔者自行整理。

农户投保行为形成过程的第一个阶段为编辑阶段。根据前景理论，农户在投保决策过程的编辑阶段，会受到农户主观因素、反映风险暴露程度的房屋结构、承保公司的宣传与服务、政府介入等外部环境因素的影响。农户的投保行为开始于农户感知到地震巨灾风险的存在。根据马斯洛的需求层次理论可知，人的需求被分为五个层次，从低到高依次为生理需求、安全需求、社交需求、尊重需求和自我实现的需求。当生理需求被满足之后，农户会追求第二层次的安全需求。当农户意识到地震巨灾风险对人身伤亡和财产损失造成影响的可能性，为维持生存环境的稳定，农户产生了对安全的需求。安全需求可以通过自我减灾、银行存款、投保农房地震保险等方式得到满足。当农户认同农房地震保险的风险规避功能，选择通过投保规避地震巨灾风险造成的损失时，安全需求就转化成了保险需求。保险需求来源于农户风险规避的诉求，是引发农户采取投保行为的内在动力。

投保需求决定投保决策动机，由投保决策动机支配农户的投保行为。根据心理学可知，动机是人们为了实现某一目标的动力。投保动机的产生是由于农户的投保需求以及保费补贴、保险服务等外界诱因影响，使得农户呈现紧张的状态，农户为了消除紧张感而发生的内在历程就是投保动机，投保动机是形成投保行为的关键所在。[①] 农户的投保需求足够强烈，且在支付意愿范围之内，投保需求就能够转化为投保动机，完成投保行为，投保动机是农户投保的最直接的驱动力。葛文芳（2006）将投保动机分为理智型、诱发型、情感型、被迫型、时髦型和投机型投保动机。农户在进行农房地震保险投保决策时，受到自身的认知偏差和心理偏差影响，其投保动机较为复杂，属于几者兼有。一方面农户会考虑保险费率、保险金额等保险合同的内容，另一方面农户会受到政府引导、保险公司宣传的影响，或者基于从众心理、框架效应等做出投保与否的行为。

农户投保行为形成过程的第二个阶段为评估阶段。农户根据编辑阶段收集到的信息，对投保方案进行评估，分析投保决策的内容。投保决策内容分析又被称为投保形态分析，即确定投保人、投保险种、投保目的、投保方式、投保时间、承保人等方面的内容。本书将保险方案限定

---

① 《投保动机》，辞海之家，http://www.cihai123.com/cidian/1076055.html。

为农房地震保险，农房地震保险方案事先已经由承保人限定，农户无须进行方案评估，通过了解保险内容，完成投保决策。投保决策关注的是决策过程，需要进行过程动态分析，而投保行为关注的是投保决策结果，对应的是静态分析（吴玉锋，2012）。本书关注农户在投保决策过程中形成的投保行为，不考虑投保决策动态过程中的其他相关行为，例如未考虑投保后评价或再投保行为。

（四）农户投保行为的代理变量选取

有关投保行为的问题包括：农户是否愿意投保以及相应的影响因素、农户愿意如何投保、农户投保行为中存在什么问题，以及如何促进农户投保。由于现实中无法获得农户投保行为的直接数据，也无法对投保行为进行直接分析，为了方便后续研究，采用代理变量代替农户投保行为，以此解决农户投保行为无法量化的问题。然而由于解释变量的真实数据缺失，无法通过定量统计检验来确定所选代理变量是否足够准确（司洁陈，2013），故主要从理论上阐述农户投保行为代理变量的选择缘由。

根据消费者行为理论可知，农户投保行为表现为投保意愿和支付意愿。在无法量化投保行为时，可以用投保意愿和支付意愿作为农户投保行为的代理变量。农户的投保意愿描述的是农户是否愿意投保的问题；农户的支付意愿描述的是农户投保能力高低的问题。农户的支付意愿受到农户自身的经济收入和预算约束的限制以及农房地震保险保费价格的影响。农户的投保意愿越强和支付意愿越高，则越容易形成投保行为。

投保意愿解决的是农户是否愿意投保以及为何愿意投保的问题，对应投保行为的影响因素。支付意愿是从经济角度，衡量农户愿意如何投保，解决的是投多少的问题，对应农户愿意缴纳的保费规模。田玲等（2015）在研究巨灾保险需求时，也曾以投保意愿和支付意愿作为保险需求的代理变量。基于此，选择投保意愿和支付意愿作为农户投保行为的代理变量，如图3.4所示。

以农户的投保意愿为投保行为的代理变量时，主要分析的是农户是否愿意投保以及农户投保行为的影响因素。以可以量化的支付意愿作为农户投保行为的代理变量，主要分析的是农户投保的支付能力高低的问题，通过比较支付意愿中农户的应缴保费和愿缴保费的差异，分析农户支付意愿的现状，以及对应的农户投保行为选择。

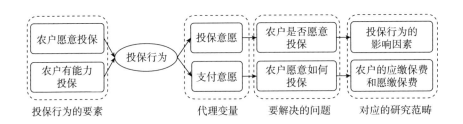

图 3.4　农户投保行为的代理变量

资料来源：笔者自行整理。

二　农户投保行为的内外维度分析框架

（一）外部制度环境与保费补贴制度

正如农户投保行为模式所示（见图 3.2），农户的投保行为受到内部和外部两个维度的影响，二者共同作用形成了农户的投保行为。前文分析了农户投保行为的内部作用机制，在此基础上，结合外部维度构建农户投保行为的内外维度分析框架。

外部维度指的是对农户投保行为产生影响的外部制度环境。基于新制度经济学分析农房投保行为的外部制度环境。正如贝克、诺夫辛格（2017）所言，不确定决策中需考虑制度分析。North（1994）指出，制度是规范主体行为的规则，制度在经济分析中不可忽略，因为现实制度会推动个体做出行为选择。制度通过制约行为主体的机会主义，同时增加决策信息以减少不确定性，并将外部性内在化，发挥激励与约束功能，以达到影响主体行为决策的目的（袁庆明，2005）。

外部制度环境主要指的是农房地震保险制度。农房地震保险的保险制度指的是通过农房地震保险分散地震巨灾风险的制度安排。农房地震保险制度对农户投保行为的影响可以从保险产品设计、运作模式、风险分担机制以及政府支持保障制度四个方面来阐释。

保险产品设计方面：通过对投保农户实行保费补贴制度，既可以减轻投保人的经济负担，提升投保人的支付意愿，又可以让投保人意识到投保能够享受到政策优惠，提高投保人的投保意愿。此外，例如实行差异化费率和拓宽承保范围，可以为投保农户提供多样化的保险保障，满足不同投保人的个性化需求，提高农户参与农房地震保险的积极性，促进农户投保。

运作模式方面：目前农房地震保险实行的是以共保体为主的市场化运作模式，通过市场化运作能够提升其保险服务保障，进而增强农户对该保险的了解，提高农户的保险意识和投保意愿，此外承保公司和政府的密切合作，可以提升农户对承保人的好感和信任程度，提高投保意愿。

风险分担机制方面：农房地震保险实行的是多行为主体共同参与的地震巨灾分担机制。通过这样的机制可以提升农户的风险意识以及保险参与度。此外，多行为主体共同参与能够更好地分散地震巨灾风险，发挥农房地震保险的风险保障功能和灾后补偿功能，保障投保农户的切身利益，提升农户对农房地震保险的信赖程度，进而提升投保意愿。

政府对农房地震保险的保障制度方面：政府的介入可以促进农户投保。首先，政府将农房地震保险纳入防灾减灾体系和应急救援体系当中，政府对农房地震保险的高度重视有助于提高农户的地震巨灾风险意识以及保险意识。其次，政府鼓励共保体参与防灾减灾和灾害救助，有助于加强承保公司和政府部门的合作，农户基于对政府的信任而增加对承保公司的信任，有助于提高农户对农房地震保险的了解，促进农户投保。最后，政府通过保费补贴为农房地震保险工作的开展提供资金支持，有助于弥补农户支付意愿不足，提高农房地震保险的投保率。

从各国巨灾保险制度的实践来看，巨灾保险的运行离不开政府的支持保障。农房地震保险的外部性和准公共物品属性，也说明政府对该保险的支持保障必不可少。因此主要关注与农户切身利益相关的政府支持保障制度。政府支持保障制度包括：给予投保人保费补贴、给予承保人经营管理费用补贴、设立巨灾保险补偿基金、提供再保险保障等（丁少群、姚淑琼，2012；刘蔚，2017）。我国农房地震保险制度中的政府支持保障包括政府设立相关法律法规、政府灾后救助以及财政保费补贴制度等。目前国内地震巨灾损失补偿制度以政府救助为主。已有研究证明，政府直接的灾后救助对农户的投保行为有抑制作用（Botzen et al.，2012；Sauter et al.，2016；Tian et al.，2015；Wang et al.，2009），但实行保费补贴制度，有助于解决市场失灵，刺激投保，提高保险市场效率（Sauter et al.，2016；Tian et al.，2014）。此外，通过政府补贴，可以影响相对价格结构，调节供需结构，达到稳定经济、再分配收入以及优化资源配置的目的（陈共，2017）。

综上可知，本书关注的是外部制度环境中的农房地震保险制度，尤其是与农户利益休戚相关的政府支持保障制度，而保费补贴制度又是政府支持保障制度中最为有效的一种。为更具针对性，本书着重分析外部制度环境中的保费补贴制度。保费补贴制度与外部制度环境之间的关系如图 3.5 所示。

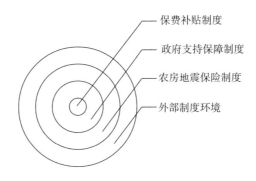

图 3.5　保费补贴制度与外部制度环境之间的关系

资料来源：笔者自行整理。

（二）内外维度分析框架构建

基于以上分析可知，进行农户投保行为分析时，可以从内部和外部两个维度建立农户投保行为的内外维度分析框架。农户投保行为的内部维度，指的是农户投保行为的形成机理，结合前文分析可知，农户的投保行为主要体现在农户对农房地震保险的投保意愿和支付意愿两个方面。根据消费者行为理论、不确定性决策理论，从投保意愿和支付意愿两个角度诠释农户投保行为的内部作用机制。外部维度，指的是外部制度环境中的保费补贴制度对农户投保行为的影响机理。结合外部制度环境中的保费补贴制度，构建的内外维度分析框架如图 3.6 所示。

从内外维度分析框架可以看出，农户的投保行为受到保险制度环境和内在作用机理的共同影响，二者共同决定农户的投保行为。而农户的投保行为又反映在投保意愿和支付意愿两个方面。接下来将从农户投保行为的内部作用机制和外部制度环境两个维度，从投保意愿和支付意愿两个方面，剖析农户的投保行为。

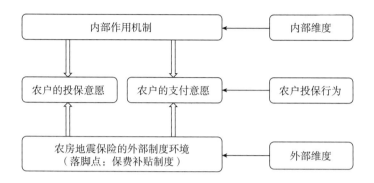

图 3.6　农户投保行为的内外维度分析框架
资料来源：笔者自行整理。

第二节　农户投保行为的内部作用机制

一　基于消费者行为理论的投保意愿分析框架

本书分别从投保意愿和支付意愿两方面，分析农户投保行为的内部作用机制。首先，基于消费者行为理论分析农户投保行为中投保意愿的内部作用机制。农户投保意愿为投保行为的代理变量之一，主要用于分析农户是否愿意投保以及农户投保行为的影响因素。农户投保意愿的影响因素分为农户投保决策过程相关的因素、决策过程之外的其他农户主观因素和其他客观因素三大类。

（一）农户投保决策过程相关的影响因素

从农户的投保决策过程来看，对农户的投保决策过程产生影响的关键因素为产生投保需求的风险感知和保险认知，以及政府介入和保险服务等外界诱因。从文献综述部分可知，较多学者认为投保人的风险感知水平、保险认知水平以及政府灾后救助等因素对农户的投保意愿有显著影响。

首先，已有研究在风险感知和巨灾保险投保行为的关系研究上看法一致，均认为较高风险感知可以促进个人采取投保行为，例如田玲等（2015）和祝伟、陈秉正（2015）的研究均表明，居民对当地的地震历史以及地震危害性等地震风险背景知识的了解程度，决定了居民对地震巨灾风险的感知水平，进而决定了居民的投保农房地震保险决策行为。居民对地震风险背景知识了解越多，则地震巨灾风险的感知水平越高，说明居民更愿意尝试投保农房地震保险等巨灾保险。

其次，（Botzen et al.，2012）、Wang 等（2012）和 Oral 等（2015）的研究也表明投保经验与投保意愿之间存在正向相关关系。如果农户的过往投保经验越多，则更愿意投保农房地震保险。

除了主观因素对投保决策过程的影响之外，还考虑了政府救助作为客观诱因，对农户投保行为的影响。Pynn 等（1999）、Athavale 等（2011）和 Botzen 等（2012）对海外灾害保险市场的研究表明，由于逆向选择等问题的存在，农户倾向于在灾后接受政府救助，而非选择投保，政府的灾后救助会抑制居民的灾害保险需求。Wang 等（2009）和 Tian 等（2015）对我国地震巨灾保险市场的研究得到同样的结论，认为政府的灾后救助会对农户的投保行为造成负面影响。除了政府灾后救助之外，还有文献将政府提供地震应急用品作为衡量政府介入行为的代理变量，例如田玲、屠娟（2014）和田玲等（2015b）研究了政府发放地震应急用品与农户的风险感知、巨灾保险需求的相关关系。

对一般的保险产品来说，保险在运行过程中必然有承保人的参与，保险人的服务很有可能对农户的投保行为产生影响，然而鲜有文献研究保险服务等外界诱因对地震巨灾保险投保行为的影响。可能的原因是地震巨灾保险属于准公共品，在其供给过程中需要政府介入，这是地震巨灾保险与一般险种的不同之处，故政府介入的因素受到了重视。对于农房地震保险来说，在我国试点时间不长，在多个地区开展的是政府统保统赔的运作模式，保险赔付到户的服务多由基层政府承担，承保人不直接向农户提供保险服务；而采取农户自愿投保方式的农房地震保险试点工作在近一两年才开始，承保人与政府的合作模式还在探索阶段，农房地震保险服务还有待改进，若根据现阶段的农房地震保险服务情况分析其对农户投保行为的影响有失偏颇，故沿袭已有文献的分析思路，未将保险服务这一外界刺激因素涵盖在内，仅考虑了外界诱因中的政府介入因素。

（二）其他主观因素

结合国内外研究现状可知，除了投保决策过程相关的主观因素以外，文献中还考虑了其他的一些主观因素：社会人口因素和农户自发减灾行为。由于农房地震保险是以户为投保单位，以户主为投保人，故投保行为中需要考虑户主个体因素和家庭因素两个层面的社会人口因素。户主个体因素指的是户主的年龄、教育背景、性别等反映户主个人特征的因素。农户的家庭因素主要指的是农户的家庭收入以及家庭人口数、家庭劳动人口数等家庭人口结构。较多研究表明户主的年龄、教育背景、性别以及家庭收入等会对农户的投保行为产生显著影响。

第一，研究表明年纪越大的居民越不愿意选择投保。例如 Yoko（2014）、Tian 等（2014）和祝伟、陈秉正（2015）的研究都表明年纪大的居民的地震等灾害保险的投保意愿相对较低，年轻的居民更愿意投保地震保险。

第二，教育背景对农房地震保险投保行为影响的研究说法不一，Kung 等（2012）和 Armaş（2006）的研究均表明，由于受贫困因素的影响，受教育相对较低的居民受限于自身支付能力，且房屋占据了其资产的绝大部分，其抵抗地震巨灾风险的能力相对较低，面临的地震灾害脆弱性更高，更倾向于投保地震保险。然而，Tian 等（2014）和祝伟、陈秉正（2015）认为教育背景越好的居民地震巨灾风险意识越强，更愿意投保地震保险。

第三，已有文献普遍认为性别会对农户的投保行为产生影响。Kung 等（2012）认为女性面对地震风险时更为敏感，表现出更多的惧怕、担心、恐惧，故此地震风险意识越高，更愿意投保地震保险。Tian 等（2014）的研究中指出由于女性的减灾能力相对较弱，更愿意接受保险等外界力量抵抗地震巨灾风险。

第四，对于家庭收入，昆雷泽等（2011）提出居民的投保意愿取决于财务预算和居民的从众心理、焦虑感和风险感知等因素。Abbas 等（2015）的研究表明居民的财务预算决定了其购买意愿，Tian 等（2015）的结论与之相似，认为经济条件越好的居民的地震巨灾保险支付意愿越高。

第五，由于外出务工是目前农村较为普遍的现象，Gaillard（2007）和 Hosseini 等（2013）指出实证研究中需要考虑当地特色因素，农村居民比城市居民面临着更高的灾害脆弱性，且居民面临的灾害脆弱性与当地的环境条件和文化紧密相连（Cannon，1994；Gaillard et al.，2010；Wisner，2004；Wisner et al.，1993），故还考虑了具有农村特色的外出务工人数作为家庭因素。

此外，除了社会人口因素，文献中还将居民的自发减灾行为作为考虑因素。农户自发减灾行为主要是指居民主动加固房屋的行为。已有研究表明，农户加固房屋等自我减灾行为对投保意愿的影响具有不确定性（Ehrlich et al.，1972）。祝伟、陈秉正（2015）认为农户的防损行为能够提高地震保险的投保意愿，而田玲、屠娟（2014）则提出房屋加固会减少农户的风险感知，进而降低农户的投保意愿。

（三）其他客观因素

已有文献表明由房屋结构所衡量的风险暴露程度会对农户的投保行为产生影响，例如 Botzen 等（2009）和田玲、屠娟（2014）的研究均表明房屋的风险暴露程度越低，说明投保人面临的灾害风险威胁越小，则投保人的风险感知越低，较低的风险感知导致农户采取投保行为的积极性不高。本书直接以房屋结构类型作为风险暴露程度的替代变量，分析房屋结构对农户投保意愿的影响机理。

除了房屋结构，还有学者考虑了地区差异对农户投保意愿造成的影响，例如祝伟、陈秉正（2015）认为地区差异造成了居民的风险感知水平的差异，导致居民在投保行为上存在差异。然而也有学者直接将不同区域的数据纳入同一模型中，并未考虑地区差异（Tian et al.，2014），说明地区差异的考虑需要依据实际情况而定。

综上可知，基于消费者行为理论的投保意愿分析框架如图 3.7 所示，可见农户投保意愿的可能影响因素包括：决策过程相关因素、其他主观因素和其他客观因素。

二 基于不确定性行为决策理论的农户支付意愿分析框架

支付意愿是从经济特征的角度反映农户的投保行为。本章通过分析支付意愿，以理解农户投保行为的内部作用机制。首先，根据不确定性行为决策理论中的期望效用理论，分析公平精算保费原理，公平精算保费应对的是农户的应缴保费。其次，根据不确定性行为决策理论中的前景理论，分析农户的愿缴保费。最后，基于对应缴保费和愿缴保费的分析，得出农户支付意愿的分析框架。

（一）期望效用理论下的农户应缴保费

期望效用理论假设农户为理性经济人，具有理性预期、规避风险以及以效用最大化为目的。农户选择投保的原因在于，存在地震巨灾造成的

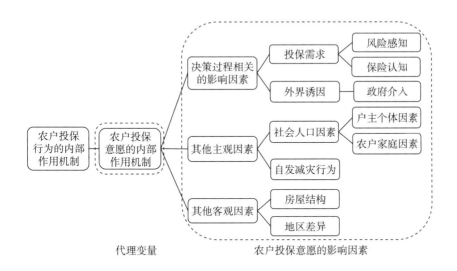

图 3.7 基于消费者行为理论的投保意愿分析框架

资料来源：笔者自行整理。

农房综合损失的不确定风险。农户为规避不确定风险，而遵循期望效用原则做出是否投保农房地震保险的行为。此外，农户的投保行为决策是对现有财富的重新配置，以期获得最大效用。采用期望效用理论可以量化农户在投保决策中的偏好及理性决策。

假设农户为风险厌恶者，说明农户偏好确定性财富，而厌恶风险性财富，农户风险厌恶的效用曲线如图 3.8 所示。农户做出投保行为的前提条件为投保后的财富期望效用值应大于不投保的财富期望效用值。假设农户的财富期望效用函数 U 为凹函数，农户的初始财富为 x_1，一旦发生地震巨灾，农户的财富会从 x_1 降低到 x_2，效用从 $U(x_1)$ 降低到 $U(x_2)$，其中 $U(x_1) > U(x_2)$，理性假设下的农户会选择投保农房地震保险，以避免自身效用的降低。农户能够接受的最低效用水平为确定性等值（certainty equivalent，CE），其中确定性等值的期望效用水平等于不确定情况下的期望效用水平，即 $EU(CE) = pU(x_1) + (1 - p)U(x_2)$。与确定性等值相对应的是风险升水，风险升水指农户为消除风险所得的不确定性，获得一个确定性所得 $E(x_p)$ 需要付出的代价，则该确定性所得 $E(x_p)$ 与确定性等值 CE 的差额即为风险升水，用 P_{EU} 表示。

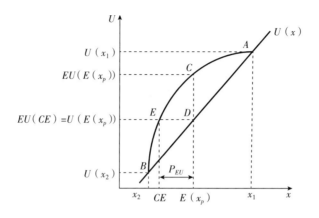

图 3.8　农户投保的期望效用

资料来源：笔者自行整理。

　　如果风险规避的农户选择不投保，一旦发生地震巨灾，农户将自己承担所有损失 $x_1 - x_2$，其中 x_1 和 x_2 连线 AB 为不投保农户的期望效用线。农户的效用水平从 $U(x_1)$ 下降到 $U(x_2)$，农户选择不投保的期望效用为：

$$EU_0 = pU(x_1) + (1-p)U(x_2) = EU(CE) = U(E(x_p)) \qquad (3-1)$$

　　如果风险规避的农户选择投保，通过缴纳一定保费，将损失风险转移给保险人，使自己的效用水平保持在 $U(x_1)$ 和 $U(x_2)$ 之间，假设农户通过投保农房地震保险之后，希望达到一个确定性所得 $E(x_p)$，该确定性所得 $E(x_p)$ 为农户投保农房地震保险之后能够保持的最大财富值，$E(x_p) = px_1 + (1-p)x_2$，其对应的效用值 $EU(E(x_p))$ 为投保后的最大期望效用值，最大财富值 $E(x_p)$ 和 C 点之间的连线被称作期望财富线。为了达到确定性可得 $E(x_p)$，农户需要支付一个消除不确定性所得的风险升水 P_{EU}，$P_{EU} = E(x_p) - CE$，该风险升水 P_{EU} 即为理性假设下，农户投保农房地震保险能够支付的最高保费，农户选择投保的期望效用为：

$$EU_1 = pE(x_p) + (1-p)E(x_p) = E(x_p) = EU(E(x_p)) \qquad (3-2)$$

　　图 3.8 中农户的期望效用线 AB 和期望财富线 [$E(x_p)$ 与 C 点的连线] 的交点 D 对应的期望效用值代表不投保时的期望效用值 $U(E(x_p))$，C 点对应的期望效用值代表投保时候的期望效用值 $EU(E(x_p))$。从图中可以看出，农户投保农房地震保险之后的期望效用值 EU_1 大于不投保时的期望效用值 EU_0，即 $EU(E(x_p)) > U(E(x_p))$。EU_1 与 EU_0 的差额 CD 代表农户投保农房地震保险之后，一旦地震巨灾发生，农户能够获得的保险

赔付，即灾后能够给投保人带来满足的期望效用。

可见，理性假设下，风险升水是农户为规避地震巨灾损失的不确定风险，能够支付的最高保费。该风险升水对应的是损失的期望值。从保险的角度看，根据损失期望值计算的保费被称为公平精算保费（斯凯博，1999）。公平精算保费假设公平精算保费的计算权重等于期望效用的权重，且公平精算保费考虑的是纯保费，不考虑附加费率，采用传统非寿险精算纯保费方法进行定价。不仅如此，依据公平精算保费测算的保费就是农户应该缴纳的最低保费。

当农房地震保险的公平精算保费低于农户最大愿缴保费 P_{EU} 时，理性假设下的农户将愿意投保农房地震保险，获得高于确定性等价水平 CE 下的期望效用值。然而由于农房地震保险属于准公共品具有正外部性，承保人提供该保险的保险服务必然需要付出额外成本，承保人遵循成本收益原则，固然会提高保费。当农房地震保险的实际保费高于期望效用理论下农户愿意支付的最大保费 P_{EU} 时，农户的确定性所得将低于确定性等值 CE，农户投保的期望效用值低于确定性等值 CE 下的期望效用值，农户不会选择投保农房地震保险，导致农房地震保险投保不足。

（二）前景理论下的农户愿缴保费

Kahneman、Tversky（1979）提出的前景理论认为，有限理性的行为个体在面对不确定风险决策时，基于各种风险的预期结果（即前景）做选择。前景理论的三个要素为： 是个体根据财富相对于当前财富水平的增减来判断前景的优劣；二是个体的风险偏好并非始终如一，在面对与条件相当的损失时倾向于寻求风险，在面对与条件相当的收益时倾向于规避风险；三是损失对个体的心理影响大于收益对个体心理的影响，故人们倾向于规避损失，损失造成的痛苦的前景值是等量收益带来的快乐的前景值的 2.25 倍。

前景理论中，个体的不确定决策分为两个阶段：首先是编辑阶段，个体通过收集个体及相关环境因素，并根据个人决策偏好对备选方案进行编码；其次是评估阶段，个体以原始财富值为参考点，通过评估各方案风险收益对应的前景值而做出决策。前景值用 V 表示，V 由价值函数 ν 和 π 共同决定，即式（3-3），其中 w_k 表示财富水平相对于原始财富的变动值，$\nu(w_k)$ 为价值函数，表达为式（3-4）。

$$V = \sum_{k=1}^{n} \pi(p_k)\nu(w_k), k = 1, \cdots, n \tag{3-3}$$

$$\begin{cases} 若\ w_k \geqslant 0,\ \nu(w_k) = w_k^{\alpha},\ 0 < \alpha < 1 \\ 若\ w_k < 0,\ \nu(w_k) = -\lambda(-w_k)^{\beta},\ 0 < \beta < 1,\ \lambda > 1 \end{cases} \tag{3-4}$$

其中，λ 表示损失区间比收益区间的函数图像更为陡峭，λ 的值大于 1 表示损失厌恶；α 和 β 表示损失区间和收益区间内前景函数的凹凸程度，α 和 β 的值小于 1 说明其敏感性呈递减趋势。Tversky、Kahneman（1992）认为 α 和 β 的值约为 0.88，损失厌恶系数 λ 的值约为 2.25，即个体认为损失带来的痛苦是等量收益带来的快乐的 2.25 倍。价值函数如图 3.9 所示。

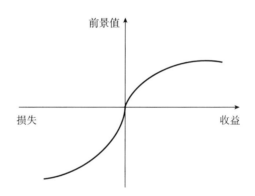

图 3.9 前景理论的价值函数

资料来源：Tversky A. and Kahneman D. , "Advances in Prospect Theory: Cumulative Representation of Uncertainty", *Journal of Risk and Uncertainty*, Vol. 5, No. 4, 1992.

由图 3.9 可知，价值函数为单调递增曲线，损失越大前景值越小，收益越大前景值越大。该曲线经过原点，说明当没有财富水平的相对变动时，$\nu(0) = 0$。曲线在收益区间为凹函数，原因在于个体面对收益时表现出风险厌恶，在损失区间为凸函数，说明个体在面对损失时表现为风险偏好。此外，收益区间内曲线的斜率较损失区间内平缓，说明个体对于边际损失比边际收益更加敏感。

式（3-3）中的 p_k 表示不确定事件发生的客观概率，$\pi(p_k)$ 是 p_k 的非线性函数，$\pi(p_k)$ 表示个体对事件客观概率的主观判断，被称为决策权重函数，表示事件概率 p_k 变动对前景价值的影响。决策权重函数的形式如式（3 - 5）所示。

$$
\begin{cases}
\text{若 } w_k \geqslant 0, \ \pi(p_k) = \dfrac{p_k^{\chi}}{\left[p_k^{\chi} + (1 - p_k)^{\chi} \right]^{1/\chi}}, \ \chi > 0 \\[4mm]
\text{若 } w_k < 0, \ \pi(p_k) = \dfrac{p_k^{\delta}}{\left[p_k^{\delta} + (1 - p_k)^{\delta} \right]^{1/\delta}}, \ \delta > 0
\end{cases}
\tag{3-5}
$$

$\pi(p_k)$ 的取值范围为 $[0, 1]$，在区间 $(0, 1)$ 内的取值较为平缓，在端点 0 和 1 的取值较为极端，$\pi(0) = 0$，$\pi(1) = 1$。由于人们对极端事件的评估较为有限，常常错误判断极端事件的概率。$\pi(p_k)$ 在 p_k 取较小值时，存在劣可加性，即概率在较小范围内，概率放大的倍数大于权重放大的倍数，这使得个体往往高估了小概率事件的风险，从而增加了个体对小概率、大损失事件的厌恶（饶育蕾等，2019）。

（三）基于不确定决策理论的农户支付意愿分析框架

以期望效用理论和前景理论两个不确定行为决策理论为基础，建立农户投保行为中支付意愿内部作用机制的分析框架（如图3.10所示）。基

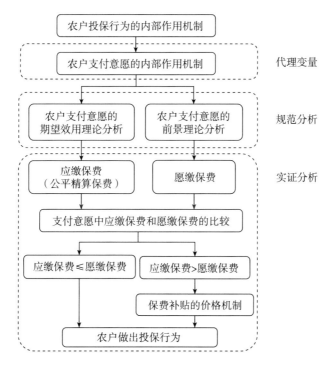

图 3.10　基于不确定决策理论的农户支付意愿分析框架

资料来源：笔者自行整理。

于期望效用理论计算的是公平精算保费，即农户的应缴保费。相对于期望效用理论来说，前景理论将农户的主观因素考虑在内，故此依据前景理论计算出来的保费为农户的愿缴保费。从图中可以看出，当愿缴保费不小于应缴保费时，农户会采取投保行为；当应缴保费大于愿缴保费时，说明农户的支付意愿不足，需要引入政府的保费补贴制度作为价格调节机制，才能形成最终的农户投保行为。

第三节　农户投保行为的外部作用机制

外部制度环境中最有效的制度为保费补贴制度，本书以保费补贴制度为落脚点，把保费补贴制度作为外部制度环境的代理变量，分析农户投保行为的外部作用机制。由于投保行为表现为投保意愿和支付意愿两方面，故此就保费补贴对投保意愿和支付意愿的影响机制分别展开分析。

根据新制度经济学中制度对经济主体行为的作用逻辑，分析保费补贴制度对农户投保行为的影响机制。农房地震保险保费补贴制度对农户投保行为的作用机制可归纳为诱导机制和价格机制。诱导机制表现在保费补贴制度对农户投保意愿的影响上，而价格机制则由保费补贴制度对农户支付意愿的影响来体现。

制度能够为行为主体提供决策信息，减少信息搜寻成本；且在充满不确定性的环境中引导主体的行为决策（卢现祥、朱巧玲，2012）。农房地震保险对农户来说，是较为新鲜的事物。再加之，地震巨灾是否发生、是否能够获得保险赔付，以及农户的投保行为决策过程等充满了不确定性。这些不确定性，使得风险厌恶的农户基于熟悉偏好做决定。然而，政府的保费补贴制度能够降低农户投保行为决策的不确定性，缓解信息缺乏，增加农户的投保意愿，引导农户投保。

除此之外，根据前文对农户投保现状分析可知，农户将政府救助作为首选的地震巨灾风险应对方式，由此说明农户对政府有极强的依赖性，容易产生框架效应。框架效应能够影响到农户的保险认知，进而影响农户的投保决策。此外根据行为金融学理论（饶育蕾等，2019），框架效应能够产生诱导效应。这意味着，政府保费补贴制度可以作为一种诱导机制，诱导农户做出投保行为。具体而言，农户基于对政府的信任，而建立起对该保险的信任，并增加对该保险的熟悉程度。在保费补贴制度的诱导下，熟悉偏好和框架效应使得农户的投保意愿增加，进而做出投保行为。保费补贴制度对农户投保意愿的影响机制称为诱导机制。

根据袁庆明（2005）对制度功能的阐述可知，制度通过减少不确定性、降低交易费用，以及提供激励、约束功能，影响交易中的相对价格，进而影响经济主体的决策与行为。对保费补贴制度来说，保费补贴的价格机制能够降低农户的应缴保费，间接改变保费的相对价格，提高农户的支付意愿，使得农户买得起农房地震保险。保费补贴制度对农户支付意愿的影响机制称为价格机制。

保费补贴制度对农户投保意愿、支付意愿的影响机制分析框架见图3.11。接下来，将从保费补贴制度对整体社会福利、对农户期望效用的影响，论述保费补贴制度对投保意愿的诱导机制。并从保费补贴制度对农户的价格效应，以及对农户投保需求的影响角度，刻画保费补贴制度对支付意愿的价格机制。与之相对应，第七章将分别开展保费制度对农户投保意愿和支付意愿影响的实证分析。

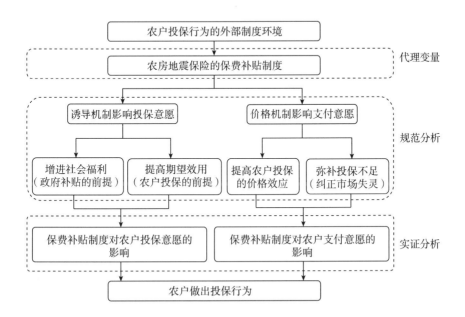

图3.11　保费补贴制度对农户投保行为的影响机制

资料来源：笔者自行整理。

一 保费补贴制度诱导机制对农户投保意愿的影响

（一）保费补贴制度对社会福利的影响

分析政府介入农房地震保险市场的调节功能需要基于资源的稀缺性，政府介入的目的在于实现资源的有效配置，以尽可能低的成本提供水平和结构均较为合理的财政支持，达到社会福利最大化。

市场主导的农房地震保险市场，主要由共保体负责农房地震保险以及相关地震风险分散金融产品的研发、定价、销售和运营管理，利用承保公司的经验技术，充分发挥市场运作的优势。与此同时，政府通过保费补贴等补助方式介入，有助于内部化正的外部性，解决有效需求不足的问题。根据现有研究可知，政府可以通过投资性支出介入或转移性支出介入政策性保险市场。公私合作模式中政府的支出主要是投资性支出，而财政补贴属于政府的转移性支出。由于农房地震保险属于政策性保险，为尽可能保证市场的主导地位，政府更多考虑的是通过转移性支出——财政保费补贴的方式发挥调节手段的作用。

财政补贴的具体方式包括政府购买服务、对投保人实行保费补贴、对承保人给予经营管理费用补贴、贷款贴息、再保险补贴和税收优惠等。一方面，农房地震保险仍处于试点阶段，主要采取以保费补贴为主的政府补助方式；另一方面，从政府的角度来说，确定农户保费补贴的规模比确定保险公司的经验管理费用补贴规模相对更加容易，原因在于政府和承保公司之间存在信息不对称，政府难以掌握承保公司的实际经营管理费用，故难以确定对经营农房地震保险的保险公司的补贴规模，然而随着农房地震保险市场的不断发展，后期可逐步开展对承保人的经营管理费用补贴。故在云南农房地震保险的现行阶段，采取市场主导、政府对农户给予保费补贴的方式介入农房地震保险市场是行之有效的运作模式。

根据消费者剩余理论（范里安，2008），政府通过保费补贴方式介入农房地震保险市场可以提高社会福利，分析如图 3.12 所示。从中可以看出，当没有政府介入时，在完全自由竞争的农房地震保险市场中，由于承保人的承保成本较高、经营风险较大，导致承保人的供给意愿不足，投保人愿意接受的最低保费为不考虑附加费用时的精算公平保费 P，对应的供给曲线为 S，对于投保人来说，由于农户自身的支付能力有限，再加上受到非理性因素的影响，有限理性下农户能够支付的最高保费为 P_0，

对应的需求曲线为 D_1，其中 $P > P_0$，农户愿意支付的最高保费无法满足保险公司的最低保费需求，导致供给曲线 S 和需求曲线 D_1 无法相交，无法达到市场均衡状态，此时社会福利的净损失为 ΔAPP_0。

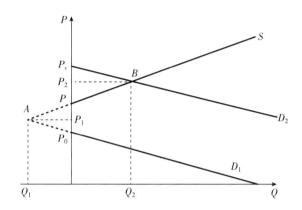

图 3.12　保费补贴制度对社会福利的影响

资料来源：笔者自行整理。

当政府以保费补贴的形式介入农房地震保险市场时，农户的支付能力提高，农户收到保费补贴之后，会增加自身对农房地震保险的需求，导致需求曲线向右上方移动，即从 D_1 移动到 D_2，保费补贴下农户愿意支付的保费从 P_0 上升到 P_s，$P_s > P$ 说明能够顺利地进行保险交易，此时需求曲线 D_2 与生产曲线 S 达成的市场均衡点为 B，对应的消费者剩余为 $\Delta P_s P_2 B$，生产者剩余为 $\Delta PP_2 B$，经济总剩余为 $\Delta P_s PB$。和政府未介入之前相比，经济总剩余净增量为 $\Delta P_s PB + \Delta APP_0$，由此可以看出，政府对农户给予保费补贴能够增加社会福利，这是政府愿意提供保费补贴的前提条件。

（二）保费补贴对农户期望效用的影响

根据第一节期望效用理论下的农户投保行为分析可知，农户为了保证投保的期望效用不低于定性等值 CE 下的期望效用值，当农房地震保险的保费低于农户愿意支付的最大保费 P_{EU}，即风险升水时，农户将愿意投保农房地震保险。当政府对农房地震保险实行保费补贴时，农户的保费支付能力得到提高，农户的投保意愿将由最大保费 P_{EU} 增加到 $s + P_{EU}$，如图 3.13 所示，即农户投保之后能够保持的最大财富值 $E(x_p)$，将沿着横坐标轴向右移动到有政府补贴 s 下的效应水平 $E_s(x_p)$，政府补贴下农户投保的期望效用将提高到 $EU_s(E_s(x_p))$，该期望效用值高于无政府补贴下农户投保的期望效用值 $EU(E(x_p))$。由此说明，保费补贴可以提高农户的期望效用水平，提高农户的支付意愿，促进农户投保农房地震保险。

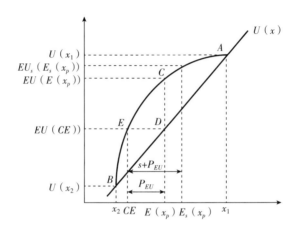

图 3.13　保费补贴制度对农户投保期望效用的影响

资料来源：笔者自行整理。

二　保费补贴制度价格机制对农户支付意愿的影响

（一）保费补贴制度对农户投保的价格效应

郭振华（2016）认为应该把投保行为放在总消费的框架中，考虑收入和其他消费品对投保行为的影响。长期以来，经济学家将保险投保行为独立出来，主要依据期望效用最大化来确定投保行为，特别注重主体的风险态度对投保行为的影响，即投保人为风险厌恶者，为了规避风险带来的损失而购买保险。然而，投保行为属于投保人的消费行为，应该放在消费者选择理论中，按照总消费效用最大化考虑个体的投保行为。

按照曼昆（2013）的消费者选择理论，农房地震保险与其他地震巨灾风险应对方式均为农户面对的消费品，为简化分析，将可选择的应对地震巨灾风险的非保险方式统一归类为替代品，故此农户的投保行为即为农户面对农房地震保险以及替代品时，为达到总消费效用最大化而做出的选择。

消费者选择理论的研究是从考察收入和支出之间的关系开始的。依据消费者选择理论分析农户的投保行为需要涉及两个基本概念：体现消费者购买能力的预算约束，以及体现消费者购买欲望的偏好。农户对农房地震保险的投保行为决策需要同时考虑农户的预算约束与消费者的偏好，即预算约束曲线和无差异曲线的组合。农户的预算约束曲线与无差异曲线的切点即为农户的最优选择。考虑收入对农户投保行为的影响时，假设农房地震保险是一种正常商品，随着农户的收入增加，对农房地震保险的投保会增加，预算约束线会往外移动。与此同时，将农房地震保险价格变动对农户投保行为的影响分解为收入效用和替代效应，收入效应是无差异曲线向右上方移动引起的消费量变动，替代效应是无差异曲线移动到不同边际替代率的某一点而引起的消费量变动，二者之和为农户投保行为的价格效应。

假设农户进行投保决策面临农房地震保险和其他替代品两种选择，假设替代品为正常商品且价格不变。一方面，农房地震保险和替代品的价格相对变化，反映出保费补贴增加农户投保农房地震保险的替代效应；另一方面，保费补贴减少了农户投保农房地震保险的成本，导致农户收入增加，农户从原来的预算约束线向更高的预算约束线移动，农户对农房地震保险投保增加，体现出保费补贴增加农户投保农房地震保险的收入效应。保费补贴提高对农户投保行为的影响可分解为收入效应和替代效应，二者共同决定了价格效应，分析详见图 3.14。

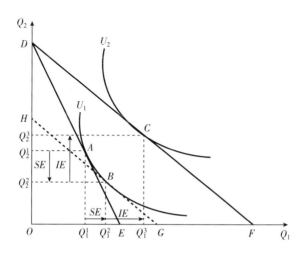

图 3.14 保费补贴制度对农户投保行为的价格效应

资料来源：笔者自行整理。

从图 3.14 中可以看出，农户应对地震巨灾风险可选的消费组合包括农房地震保险 Q_1 和其他替代品 Q_2，农户的初始预算约束线为 DE，初始效用函数为 U_1，初始均衡点为预算约束线 DE 与无差异曲线 U_1 的切点 A 点，对应的消费组合为 (Q_1^1, Q_2^1)。当政府对农房地震保险给予保费补贴时，农房地震保险的价格下降，农户作为理性行为人会在现有的预算约束线和效用水平下，增加农房地震保险的投保数量，减少替代品的消费数量，此时农户的预算约束线就由原来的 DE 移动到 DF，农户的效用函数也从 U_1 移动到 U_2，预算约束线和表示效用的无差异曲线产生新的切点 C 点，对应新的消费组合为 (Q_1^3, Q_2^3)。由此可以看出，政府对农房地震保险实行保费补贴可以增加农房对地震保险的消费，促进农户投保农房地震保险。保费补贴对农户投保行为的价格效应可以分解为替代效应（Substitute Effect，SE）和收入效应（Income Effect，IE）。

具体说来，一方面，当政府对农房地震保险实行保费补贴时，农房地震保险的价格下降，此时导致农房地震保险和替代品的相对价格发生变化，同一无差异曲线 U_1 上，二者的边际替代率发生变化，即在效用水平不变的条件下，农户选择更多购买农房地震保险，更少选择其他替代品，均衡点从 A 点移动到 B 点，对应的消费组合从初始的 (Q_1^1, Q_2^1) 变动到 (Q_1^2, Q_2^2)，在保持效用不变前提下，边际替代率变动表现为保费补贴对农户投保农房地震保险决策行为的替代效应，替代效应如图 3.14 中 SE 箭头所示方向。

另一方面，当政府对投保农户实行保费补贴时，农房地震保险的价格下降，农户手上持有的可支配收入增加，农户的预算约束线从 HG 向右上方平行移动到 DF，与新的无差异曲线 U_2 相切，均衡点从 B 点移动到新的均衡点 C 点，对应的消费组合由 (Q_1^2, Q_2^2) 移动到 (Q_1^3, Q_2^3)，在此过程中，农房地震保险和替代品的边际替代率未发生变动，只是农户的效用从 U_1 提高到 U_2，边际替代率不变前提下的效用变动表现为保费补贴对农户投保农房地震保险决策行为的收入效用，收入效应如图 3.14 中 IE 箭头所示方向。

综上所述，农房地震保险保费补贴的替代效应使得农房地震保险的投保需求从 Q_1^1 增加到 Q_1^2，使得替代品的需求从 Q_2^1 下降到 Q_2^2；农房地震保险保费补贴的收入效应使得农房地震保险的投保需求从 Q_1^2 增加到 Q_1^3，使得替代品的需求从 Q_2^2 上升到 Q_2^3。由此可知，在没有保费补贴的情况下，农户选择成本最低的替代品，从而不一定会选择投保农房地震保险，当对农房地震保险实行保费补贴时，保费补贴对农户投保行为的替代效应和收入效应为同方向变动，二者均促进了农户的投保行为，而替代品的变动方式不定，故此无论替代品如何变化，保费补贴都会提升农户决策行为的总消费效用，提高农户的效用水平，促进农户投保。

（二）保费补贴制度价格机制对投保不足现状的影响

正如前文所言，云南农房地震保险试点存在农户投保不足的问题。参照王芳（2011）的农业保险需求理论，分析市场条件下的农房地震保险农户投保不足的问题，具体分析如图 3.15 所示。从图中可以看出，农户受自身收入水平、风险意识等因素制约，需求曲线 D_1 较低。此外，由于农房地震保险的目的是补偿农房因地震巨灾风险造成的损失，然而云南农房面临较高的地震巨灾风险，故遵循市场原则的承保人依据公平精算保费厘定保费超过了农户所能接受的价格水平，使得供给曲线 S_1 处在较高的位置。较低的需求曲线和较高的供给曲线无法在坐标轴上相交，即市场无法提供一个投保人和承保人都能接受的合理费率水平。

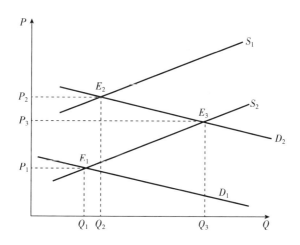

图 3.15　保费补贴制度对农户投保现状的影响

资料来源：笔者自行整理。

为达到帕累托最优，需要借助外力使得供给曲线 S_1 下移或者需求曲线 D_1 上移。如果对农房地震保险实行保费补贴，则农房地震保险的价格降低，作为理性经济人的农户会更多选择购买农房地震保险，农房地震保险的需求曲线从 D_1 移动到 D_2，则可以实现均衡点 E_2，能够顺利达成交易，弥补农房地震保险农户投保不足的问题，即承保人在一个相对较高、投保人能够接受的价位 P_2 上提供农房地震保险，对应的农户投保数量为 Q_2。随着农房地震保险市场的不断发展，后期可以开始对保险公司实行经营管理费用补贴，则承保人的供给曲线从 S_1 移动到 S_2，则可以实现均衡点 E_1，即承保人在一个相对较低的价位 P_1 上提供农房地震保险，对应的农户参保量为 Q_1。如果政府对农户实行保费补贴的同时，对保险人实行经营管理费用补贴，则农房地震保险的供给曲线和需求曲线能够同时移动，那么 D_2 和 S_2 可以达到更高的均衡点 E_3，对应的价格为 P_3，对应的农房地震保险需求为 D_3。由于本书研究的重点为农户的投保行为，故主要从农户投保不足的角度展开论述，暂不讨论农房地震保险的供给问题。

第四节　本章小结

本章首先对农户投保行为的决策程序、行为模式、形成机理以及代理变量的选取做了分析。在此基础上，基于新制度经济学、行为金融学理论建立了农户投保行为的内外维度分析框架。该框架认为农户的投保行为表现为支付意愿和投保意愿两方面，且内部作用机制和外部制度环境共同影响农户的投保行为。具体而言，内部作用机制一方面指相关因素对农户投保意愿的影响机制，另一方面指通过应缴保费和愿缴保费反映出来的支付意愿价格机制。而外部制度环境指对农户投保行为产生影响的外部制度环境，其中最重要的是保费补贴制度。

在农户投保行为的内部作用机制方面：首先，构建了基于消费者行为理论的投保意愿分析框架，以及基于不确定性行为决策理论的支付意愿分析框架。其次，在投保意愿的分析框架中，梳理了对农户投保行为可能产生影响的投保决策过程因素、其他主观和其他客观因素。最后，从期望效用理论、前景理论的角度分别分析了支付意愿价格机制中的应缴保费和愿缴保费，以及二者如何影响农户的投保行为。

在农户投保行为的外部制度环境方面：以保费补贴制度为落脚点，

基于制度对经济主体的作用逻辑，剖析了保费补贴制度对农户投保意愿的诱导机制，以及保费补贴制度对农户支付意愿的价格机制，建立了保费补贴制度对农户投保行为作用机制的分析框架。基于此，一方面，从保费补贴制度对整体社会福利以及农户期望效用的影响，剖析了保费补贴制度对投保意愿的诱导机制。另一方面，从保费补贴制度对农户投保的价格效应，以及对农户投保需求的影响角度，剖析了保费补贴制度对支付意愿的价格机制。

综上所述，本章建立了农户投保行为的内外维度分析框架，从内部作用机制和外部制度环境两个维度，对农户投保行为中的支付意愿和投保意愿做了规范分析。后文的实证分析将围绕该框架展开。本书选择云南农房地震保险试点作为研究案例。受限于云南农村地区的地理环境，农村的经济条件较为落后、农村房屋的总体抗震设防水平较低，农户面临较高的地震巨灾风险脆弱性，一旦地震发生，会对农户的经济造成巨大损失，影响农村的社会稳定。面对巨额损失，若沿袭传统的政府灾后救助模式，会给财政造成较大负担，并且增强农户对政府依赖的框架效应。若仅由保险公司承保，保险公司凭借自身的财力、物力，无法承担地震巨灾损失造成的巨额赔付。即便保险公司愿意承保，农户也无法支付根据公平精算保费原则测算的保费。故此农房地震保险的运作和推广，需要市场和政府的共同参与，由市场主导农房地震保险市场，政府通过保费补贴等制度介入，通过市场主导、政府介入的公私合作模式向农户提供农房地震保险，则可将正的外部性内部化，解决市场失灵。故此，后文将基于云南农房地震保险试点数据，根据内外维度分析框架，从实证角度研究农户的投保行为。

第四章　云南农房地震保险试点及
农户投保现状

上一章建立了农户投保行为的分析框架，为开展实证分析，还需要了解农房地震保险试点的农户投保现状。地区差异的客观存在使得分区域研究农房地震保险更具实际意义。本书以地震巨灾风险最为严峻、试点时期最长的云南农房地震保险试点作为研究案例。首先分析了云南省的地震巨灾风险，然后结合实地调研数据，从内外维度对云南农房地震保险试点的农户投保行为现状做了分析，为后文的实证研究奠定了基础。

第一节　云南地震巨灾风险分析

史培军（1996）提出，区域灾害系统由致灾因子、孕灾环境和承灾体构成，其相互作用决定了孕灾环境的稳定性、致灾因子的风险性以及承灾体的脆弱性三个要素，这三个要素是决定灾害大小的充分必要条件，对这三个要素的评估就是广义灾害风险评估（史培军，2002）。本书从这三方面分析云南的地震巨灾风险现状。

一　孕灾环境的稳定性分析

地震巨灾风险的孕灾环境指孕育灾害的自然环境和人文环境（史培军，1996）。致灾因子的发生取决于孕灾环境的稳定性。地震巨灾孕灾环境的稳定性由断裂活跃度等自然环境指标，以及水库分布等人为环境指标衡量。

从自然环境看，云南地处西南边疆，国土面积占全国国土面积的

4%①，而云南却占据了全国 20% 的破坏性地震平均量，全省 84% 的地区可能发生破坏性地震（王和，2008）。全省的山地面积占比为 88.64%，属于山地高原地形。云南省主要有八条地震带，分别是小江地震带、通海至石屏地震带、中甸至大理地震带、马边至大关地震带、南华至楚雄地震带、澜沧至耿马地震带、思茅至普洱地震带以及腾冲至龙陵地震带。云南共有 54 个市（县）处于这八条地震带上，包含昆明、大理、玉溪和楚雄 4 个人口数超过 50 万的城市。

云南地震巨灾风险具有高频率、广分布、高震级、浅震源、重损失等特点。1970—2017 年，中国共发生 12 起重大地震灾害，其中 50% 的重大地震灾害发生在云南。② 根据中国地震台网的数据，整理出 1992—2018 年云南省发生的共 100 起破坏性地震，图 4.1 为地震频数分布图。从图中可知，在过去 27 年间，除怒江州之外，其他州市都发生过次数不等的破坏性地震。

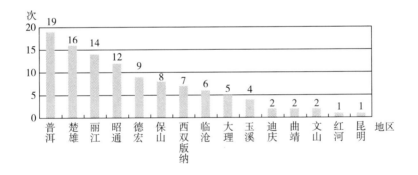

图 4.1 1992—2018 年云南州市地震频数（烈度 ≥ Ⅵ）

资料来源：根据中国地震台网数据整理而得。

皇甫岗等（2007）认为，云南省的强烈地震活动取决于其所处的地质区位，云南西部毗邻印度板块向欧亚板块中国大陆的侧向俯冲带，属

---

① 《2018 年云南统计年鉴》，http://www.stats.yn.gov.cn/tjsj/tjnj/201812/t20181206_823753.html，2018 年 12 月 6 日。

② 重大地震灾害需满足以下三个条件之一：面波震级大于等于 7.5 级，遇难人数不少于 1 万人，经济损失不少于 5 亿美元。瑞士再保险研究院：《2017 年的自然灾害与人为灾难：损失创纪录的一年》，Sigma，http://www.swissre.com/sigma/，2018 年 7 月 19 日。

于欧亚地震带；与此同时，云南东部连接国内南北地震带的南端。故此，云南省的地震活动同时具有板内和板缘特征，地震活动频繁且类型丰富，最主要的地震序列类型为主震—余震型，其次为双震型。[①]

从人文孕灾环境看，云南有大型水库12座，中型水库157座[②]。王洋龙等（2007）和李志祥等（2008）对云南水库的地震危险性研究表明，存在水库诱发地震的可能性。

综上所述，云南具备了自然环境和人为因素构成的地震巨灾风险的孕灾环境，存在较大的地震巨灾风险隐患。此外，云南的农村地区比城市面临更高的地震风险，王瑛等（2005b）指出中国农村乡镇，尤其是西部农村乡镇发生地震的频率远远高于国内大中城市，云南农村地区是受灾最为严重的地区之一。

二 致灾因子的风险性分析

地震巨灾风险的致灾因子为地震动，常用震级、烈度、地震动峰值加速度等指标衡量，致灾因子的强度直接决定了承灾体的损失程度。根据第五代中国地震动参数区划图（GB18308—2015）[③] 中的地震动峰值加速度图可知，云南省绝大多数地区处于地震动峰值加速度为0.15—0.40g的区间，其中以0.3g和0.4g居多。且全省均为Ⅵ度及以上的抗震设防地区，处于Ⅶ度及以上抗震设防区的国土面积高达86.9%，云南省的高烈度抗震设防国土面积占比位居全国之首。

根据云南省地震动反应谱特征周期值（以下简称特征周期）列表，可以把云南省各州市分为三大风险区域，详见表4.1。一区、二区、三区对应的特征周期分别为0.45s、0.40s和0.35s。

1992—2018年的100次云南省破坏性地震的平均震级为5.5级。[④] 将近80次地震的震级在4.9—5.5级，近20次地震的震级在5.6—8.0级（见图4.2）。

---

① 一次较强地震前后接连发生的系列地震被称为一个地震序列。主震—余震型指最大地震与次大地震的震级差介于0.6—2.4的地震序列；双震型指的是最大地震与次大地震的震级差小于等于0.5的地震序列。四川地震局：http：//www.scdzj.gov.cn/kpxc/dzzs/201006/t20100601_2994.html，2008年5月31日。

② 维基百科：《云南水库列表》，https：//zh.wikipedia.org/，2020年12月22日。

③ 中华人民共和国国家质量监督检验检疫总局、中国国家标准化管理委员会：《GB18306—2015中国地震动参数区划图》，http：//www.gb18306.cn/，2016年8月1日。

④ 中国地震台网，http：//news.ceic.ac.cn，2016年8月2日。

表4.1	云南地震巨灾风险区域
风险区域	涵盖州市
一区	昆明市、曲靖市、玉溪市、保山市、昭通市、丽江市、普洱市、临沧市、楚雄市、红河州、西双版纳州、大理州、德宏州
二区	怒江州、迪庆州
三区	文山州

资料来源：根据第五代中国地震动参数区划图（GB18308—2015）整理而得。

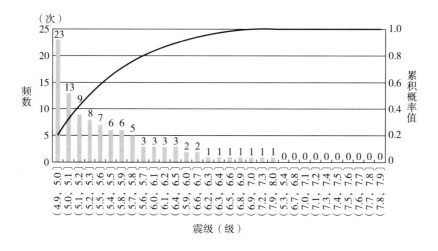

图4.2　震级的频率直方图和经验分布

资料来源：根据中国地震台网公布的数据整理而得。

三　承灾体的脆弱性分析

承灾体是致灾因子的作用对象，致灾因子对承灾体的作用形成了灾害。地震造成的经济损失可以分为直接经济损失、间接经济损失以及救灾直接投入费用。地震巨灾损失通常指的是直接经济损失。房屋建筑的经济损失包括民房（农村住房和城市住房）、公用房、教育体系和卫生体系的直接经济损失。农房地震保险试点方案的保障范围为农村居民和农房，故此从人口脆弱性和农房综合风险两方面分析承灾体的脆弱性。

（一）人口脆弱性分析

从云南省的人口结构看，全省到2017年年末，人口总数为4800.5万人，农村人口为2559.1万人，人口密度为121.8人/平方千米，全省总户数为 1396.3 万户，农户总数为 752.68 万户，占全省总户数的 54%。[①] 可见，云南人口密度大，农村人口多，有必要专门针对农户这一主要群体展开关于农房地震保险的讨论。

区域人口密度是影响地震巨灾损失的主要因素之一，人口密度越高的地方，通常是经济相对发达、人口聚集的坝区，社会财富总量大，人均财富水平也相对较高，一旦发生地震巨灾，形成的地震巨灾损失也会越大。图 4.3 为到 2017 年年底，各州市的人口密度分布图，颜色越深代表人口密度越大。可见，人口密度最大的是昆明市，其次是昭通市、曲靖市、玉溪市、红河州、保山市和大理州。

根据云南省灾害损失评估报告[②]，云南地震直接灾害损失数据见图 4.4。1992—2018 年，破坏性地震造成的云南省直接经济损失高达 663.63 亿元。显然，经济损失最严重的一年是 2014 年，高达 336.13 亿元，同时该年也是人员伤亡最多的一年，该年损失最为惨重的是 8 月 3 日的鲁甸地震。地震经济损失最低的一年是 1994 年，该年两次地震均发生在云南西部地区，人口密度、社会财富总量、人均财富量都相对较低，所以造成的直接经济损失相对较小。

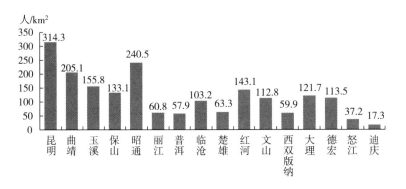

图 4.3 云南人口密度分布

资料来源：根据 2018 年《云南统计年鉴》整理而得。

---

① 《2018 年云南统计年鉴》，http://www.stats.yn.gov.cn/tjsj/tjnj/201812/t20181206_823753.html，2018 年 12 月 6 日。

② 1992—2018 年云南地震（烈度≥Ⅵ）损失数据经由《1992—2010 云南地震灾害损失评估及研究》、云南省地震局提供的 2011—2018 年的《云南地震灾害损失评估报告》，同时参考了和嘉吉等（2015）文章中提供的 2014 年 12 月 6 日景谷 5.8 级、5.9 级地震的直接经济总损失数据。

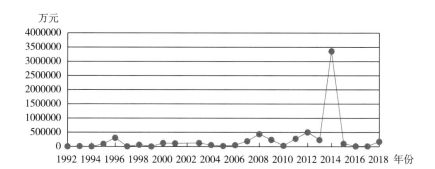

图 4.4　1992—2018 年云南地震经济总损失

资料来源：根据《1992—2010 云南地震灾害损失评估及研究》和《云南地震灾害损失评估报告》整理而得。

（二）农房为主的财产承灾体脆弱性分析

在云南农村，农房和室内财物是农户最重要的财产，约占总财产值的 87%。[①] 房屋建筑是农村居民安身立命之本，一旦发生地震巨灾，会导致农村居民承受极大的经济损失。随着经济不断发展，云南农村面临的地震巨灾风险在不断增加（王瑛等，2005a），直接经济总损失也在增大。

对于云南农村的房屋建筑来说，因地震造成的农房主体结构损失和室内外财产损失是最为严重，也是农户最为关注的两部分损失，同时也是农房地震保险费率厘定考量的趋势所在。故本书研究的是以农房主体结构损失风险为主，包含室内外个人财产损失风险在内的综合性农房地震保险。

1992—2018 年的 78 条经济损失数据中，有 27 条数据包含室内外财产损失。室内外财产损失是由民房或墙体倒塌、局部倒塌造成的室内家用电器、家具损坏，室外的沼气池、太阳能板损坏，以及牲畜、家禽砸伤、死亡等造成的个人财产损失；且室内外财产损失与房屋面积有关（云南省地震灾害损失评定委员会等，2012）。据此，首先计算出已知室内外财产损失在民房损失中的占比，该平均占比为 2.43%；再照此比例设定未知室内外财产损失占对应民房损失的比例，由此估算出室内外财产损失数据，再加上民房损失数据，即可得到民房综合损失数据。民房

---

　　①　国家统计局农村社会经济调查总队：《中国农村乡镇统计概要》，中国统计出版社 2000 年版。

综合损失在直接经济总损失中的平均占比为68%。①

王和、王平（2013）按照建筑工程的抗震性能，将建筑结构划分为A、B、C、D共四类，A类指抗震性能良好的钢结构和钢筋混凝土结构，B类为抗震性能一般的砖混结构和框架结构，C类为抗震性能较差的砖木结构，D类为抗震性能极差的生土结构和石干砌结构，D类包括土木结构、土坯房等。云南省大部分州市的建筑属于C类和D类建筑，建筑面积各占20%和61.9%。可见，一旦地震巨灾发生，将会对81.9%的住房和室内外财产造成较为严重的损失。

根据调研可知，云南农村仅有少量的A类建筑，且总量低于农村建筑总量的10%。农房以单层或低层的居民自建用房为主，主要为C类和D类建筑，其中最为常见的是砖木结构与土木结构。自建用房一般由户主或私人承包完成，修建时未考虑抗震设防，其抗灾能力受限于施工技术以及户主的经济实力，结果导致自建用房的抗震性能较差，面临巨大的地震巨灾风险威胁。

第二节　云南农房地震保险试点现状

一　农房地震保险试点的发展历程

（一）中国农房地震保险发展历程

农房地震保险的发展是与地震保险的发展相生相伴的。地震保险在我国起步较晚，经历了从作为财产保险的保险责任到附加险，再到主险的曲折发展阶段。地震保险在我国的发展可以追溯到20世纪50年代，地震保险在其开始阶段发展较为曲折。1951年，由中央人民政府政务院下发的《关于实行国家机关、国营企业、合作社财产强制保险及旅客强制保险的决定》首次把包含地震风险在内的财产保险列为强制保险，并指定中国人民保险公司为办理强制保险的唯一单位，将近两年的时间里，绝大部分的国有财产都参与了该保险，当时的财产保险已将地震等巨灾

---

① 1992—2018年共有100条地震数据，然而由于有些地震发震时间相隔较近，相邻的几次地震灾害只做了一次灾害风险评估，故此只有78条地震直接经济损失数据。数据来源：《1992—2010云南地震灾害损失评估及研究》、2011—2018年的《云南地震灾害损失评估报告》。

风险涵盖在保险责任条款之内。此后由于历史原因，包含地震保险责任在内的整个保险业进入停滞阶段。

直到改革开放之后，我国保险业逐渐走上正轨，地震灾害被列入财产保险的保险责任。1996 年，中国人民银行将地震灾害损失列为保险条款的除外责任，地震保险业务发展再次停滞。直到 2001 年，中国保险监督委员会制定了《企业财产保险扩展地震责任指导原则》（保监发〔2001〕160 号），同意把地震风险作为财产保险的附加险承保，这标志着地震保险进入了恢复发展阶段（王和、王平，2013）。党的十八届三中全会之后，巨灾保险制度的建立被提到了国家层面。从目前保险业的整体情况来看，绝大多数的人身保险一般会包含地震责任，少部分财产保险涵盖地震责任，绝大多数财产保险将地震灾害作为除外责任。我国农房地震保险是以云南的农房地震保险试点为先驱和重要代表的。其他省份也逐渐开始将地震灾害纳入保险责任当中，通常的做法有：涵盖地震责任的政策性农房保险、巨灾保险或农业保险，以及保险标的包含农房的中国城乡居民住宅地震巨灾保险。例如，2014 年，深圳市和宁波市相继开展了多灾因的巨灾保险试点，其保险责任涵盖了 4.5 级及以上的地震及其次生灾害（戴靠山等，2018）。除此之外，不同省份开始探讨如何将地震责任纳入已有政策性农房地震保险之内，例如山西和广西通过不同运作模式将地震责任纳入已有政策性农房保险的主险之内，陕西省将地震责任纳为政策性农房保险的附加可选责任。不仅如此，国家还推动了保险标的更为广泛的中国城乡居民住宅地震巨灾保险，通过政府统保或者个人投保的方式为农村住宅和城市住宅投保。[①] 这几种险种和农房地震保险一样都将地震灾害纳入承保责任，然而又与农房地震保险有所不同，并非本书所研究的严格意义上的农房地震保险，在分析农房地震保险制度时，会对这几种险种有所借鉴。

（二）云南农房地震保险试点发展历程

一直以来，居民住宅被笼统地涵盖在地震保险的保障范围之内，以农村居民住宅作为主要保险标的农房地震保险，直到 21 世纪初才被提升到一个新的高度。我国农房地震保险以主险形式出现在保险市场中，是

---

① 《地震保险投保完全指南》，中国灾害防御协会，http：//www. zaihai. cn/a/zuixinzaihai/guonazaihai/2017/0810/976. html，2017 年 8 月 10 日。

以云南农房地震保险试点为先驱和重要代表的。2014 年 1 月，云南省政府出台了《关于加强保险业服务经济社会发展的指导意见》，提出以"保基本、全覆盖、稳政策"为指导，完善保险的经济补偿机制，积极稳妥地开展政策性民房试点工作。2015 年 4 月 25 日，云南省政府发布了《关于进一步发挥保险功能作用　促进经济社会发展的意见》，强调了推动地震巨灾保险的实施。2015 年 6 月 30 日，云南省各厅局联合印发了《关于印发云南省大理州政策性农房地震保险试点方案的通知》。2015 年 8 月 20日，全国第一个省本级政策性农房地震保险试点在云南省大理白族自治州落地，此后，玉溪市政策性农房地震保险试点和临沧农房地震巨灾综合保险试点分别于 2017 年 7 月和 2018 年 11 月相继出台。此外，还介绍了自 2012 年启动的纯商业化运作的中国城乡居民住宅地震保险丽江试点，与政策性农房地震保险的保险制度形成对比。在后文的农户支付意愿分析和农户保费补贴规模测算中，主要研究对象为政策性农房地震保险试点地区，丽江市试点并未被列入考虑范围之内，原因在于丽江试点的承保标的为城乡居民住宅且属于纯商业运作，在保费厘定等方面与政策性农房地震保险不尽相同。云南农房地震保险试点方案、运行情况、农户投保情况等相关材料，通过到农房地震保险试点主承保公司座谈调研所得。

二　云南农房地震保险试点的情况简介

（一）大理州政策性农房地震保险情况

大理州政策性农房地震保险于 2015 年 8 月 20 日启动，试点期为三年，主要为大理州 82.43 万户农房及 356.92 万居民提供每年 5 亿元的地震巨灾风险保障。该保险的年均保费为 3215 万元（户均 39 元），保费由省级财政、州级财政和县级财政全额承担，其中省级财政承担 60%，州县级财政承担 40%。方案对试点地区发生 5.0 级及以上地震及其次生灾害造成的农房直接损失、恢复重建及居民死亡提供保险保障。该保险为震级触发型指数保险，保险赔偿限额取决于震级大小，5.0—5.4 级地震为最低档，其年度累计赔偿限额为 2800 万元，7.0 级及以上为最高档，其年度累计赔偿限额为 42000 万元。人身死亡保险的人均赔偿限额为 10万元，累计保险死亡赔偿限额为年均 8000 万元。该保险试点的开展，充分发挥了保险在地震巨灾风险管理中的经济补偿功能，减轻了政府恢复重建的资金压力，是对云南省救助体系的补充和完善，具有较好的社会效果和示范效应。

大理州政策性农房地震保险试点的续保工作以 2018—2019 年、2019—2020 年的政策性农房地震保险协议签订为标志。续保协议将保险标的从地震巨灾扩展到所有自然灾害，且规定用于民房恢复重建统规统建点、统规自建点基础设施建设资金不超过该保险赔付资金的 30%，用于农房恢复重建的资金不低于该保险赔付资金的 70%，农房恢复重建资金中的 80% 用于农户重建，20% 用于农房修复。此外，新协议中的保费完全由州财政和县区财政承担，省级财政不再承担保费，该调整使得农房地震保险的总保费由 3215 万元降至 1286 万元，最高赔偿限额由 4.20 亿元降低至 1.68 亿元。①

（二）玉溪市政策性农房地震保险试点情况

2016 年大理云龙地震之后，省政府做出扩大试点范围、推广大理模式的批示。随后，云南省政府综合考虑各州市的地震灾害风险形势、政府支持力度、群众参与意愿等因素，最终选择在玉溪市开展政策性农房地震保险试点。

2017 年 10 月 13 日，由诚泰财产保险股份有限公司作为主承保单位的玉溪市政策性农房地震保险试点正式启动。该试点方案的保险责任为玉溪市辖区内和周边地区发生的 5 级及以上地震，以及由地震次生灾害造成的农房直接经济损失和居民死亡。保费年均保费总额为 1873 万元（户均 39 元），其中政策性农房地震保险保费 1741.9 万元，地震灾害救助保险 131.1 万元。保费由省级、市级和县级三级财政全部承担，其中省级财政承担 60%，共计 1123.8 万元；市级财政承担 20%，共计 374.6 万元；县区财政承担 20%，共计 374.6 万元。该试点方案为玉溪市辖区内共 48.03 万户农户的房屋以及玉溪市居民（含暂住人口），提供每年累计最高 2.86 亿元的地震保险保障。在保险保障年度内，该试点方案的年度累计最大保险金额为 24000 万元，人身死亡保险的人均赔偿限额和年度累计赔偿限额分别为 10 万元和 4600 万元②。

2017—2018 年的保险合同结束后，玉溪市政策性农房地震保险停止续保。在险期间，该保险发挥了保险在巨灾风险管理中的资金杠杆效应，减轻了政府和居民在抗震救灾与恢复重建资金投入上的集中性压力，是

① 大理白族自治州人民政府，http：//www.dali.gov.cn/，2019 年 8 月 15 日。
② 云南省民政厅，http：//ynmz.yn.gov.cn/，2017 年 10 月 17 日。

继大理州试点之后，对以商业保险公司为主导、以政府财政为支持的地震巨灾保险运作模式的积极探索。

（三）临沧市农房地震巨灾综合保险试点情况

2018 年 6 月 27 日，《临沧市农房地震巨灾综合保险实施方案（2018—2020 年）（试点）》印发实施。方案在已有云南农房地震保险试点的基础上，以中国城乡居民住宅地震巨灾保险为模板，在当地政府的支持下，按照保险市场规律，充分考虑当地财政状况、农户经济能力、基层保险设置等因素，坚持"政府引导、市场运作、保障民生、农户自愿"的原则，制定了该方案。不同于大理和玉溪的政策性农房地震保险，该方案对保险标的、保险责任进行了扩展。将房屋结构和房屋类型在保险合同中进行细化，并根据房屋结构、房屋类型分类设计基本保险金额。保险赔付责任不仅包括地震巨灾，还包括其他自然灾害和意外事故造成的房屋损失和家用电器的损失，并对居民的人身死亡和伤残给予赔付，以及对因灾造成临时生活困难的居民给予生活补贴。无论房屋结构如何，全市城乡户籍居民统一缴纳的保费金额为 60 元，资金由县区财政每户补助 5 元，农户自筹 55 元；农村五保户保费 5 元由财政补助，另外 55 元由民政部门补助；城乡低保户、重点优抚对象 5 元由财政补助，20 元由民政部门补助，农户自筹 35 元。对房屋的保险赔付依据灾种、房屋结构而定，最高为 7 万元，最低为 2000 元；家用电器因灾损坏最高赔偿 5000 元；因灾死亡、伤残的最高赔付金额为 3 万元；因灾困难的一次性补助户均限额为 4000 元。

（四）中国城乡居民住宅地震巨灾保险丽江试点情况

自 1996 年丽江 7.0 级地震至今，丽江市共经历了五次 5.0 级以上的地震，继 2012 年丽江市的宁蒗和盐源地区 5.7 级地震，中国人民财产保险股份有限公司（以下简称人保财险）开始在丽江地区推广纯商业性的地震巨灾保险。

2016 年 4 月 16 日，由国家财政部及中国保监会牵头，人保财险作为主承保人，与其他 40 家成员公司根据"自愿参与、风险共担"原则，签署了《中国城乡居民住宅地震巨灾保险共同体协议》。作为一个国家层面的地震巨灾保险实践，采取"政府推动、市场运作"的模式。政府通过制度设计、立法保障和政策制定，支持该保险的发展，中国城乡居民住宅地震巨灾保险共同体（简称共保体）负责具体运营。该产品于 2016 年

7月1日起，由共保体成员公司在全国范围内销售，可以采取个人投保或政府统保的投保方式。①

自中国城乡居民住宅地震巨灾保险推广以来，丽江市地震巨灾保险与之成功对接，且随即更名为中国城乡居民住宅地震巨灾保险。2019年，在中国城乡居民住宅地震巨灾保险的基础上，对投保年限进行了调整，居民可选择投保不同年限的该险种。居民选择的投保期限越长，则享受的保费折扣越多。不仅如此，该保险属于纯商业性质保险，各成员公司的保费收入和保险赔付责任均按约定的共保比例分担。且丽江居民可自愿选择投保，政府不进行保费补贴。然而由于近几年来多次发生地震，这使得当地居民和当地政府具有较高的地震巨灾风险意识和投保意识。截至2019年年底，丽江市该保险的投保率达到了50%。

三　云南农房地震保险试点的保险制度比较

（一）云南农房地震保险试点情况概述

在各试点方案中，共保体根据省政府的政策目标、州市政府的风险管理诉求、试点地区的受灾严重程度以及经济发展水平，积极开发和设计适合当地实际情况的农房地震保险制度。现行的云南农房地震保险试点方案主要明确了农房地震保险的实施原则和运作模式，规定了保险标的、投保人、保险期限、保险责任、保险金额等保险合同内容。四个试点方案在保险产品设计、政府支持保障、地震保险运作模式以及风险分散机制等维度各有特色，既存在相似性也存在差异性。通过对各试点方案的比较，总结和归纳云南农房地震保险的特色所在，为该保险的进一步推广和改进提供思路。各试点保险制度的比较分析结果如表4.2所示。

表4.2　　　　　云南农房地震保险试点保险制度比较

试点地区\项目	大理	玉溪	临沧	丽江
保险性质	政策性	政策性	政策性	商业性
保障程度	基本保障	基本保障	基本保障	限额保障
险种	指数保险	指数保险	损失补偿型保险	损失补偿型保险

① 《地震保险投保完全指南》，中国灾害防御协会，http://www.zaihai.cn/a/zuixinzaihai/guonazaihai/2017/0810/976.html，2017年8月10日。

续表

项目 \ 试点地区	大理	玉溪	临沧	丽江
保险标的	农房、居民	农房、居民	农房、家电、农户	住宅、居民
承保方式	自动投保	自动投保	自愿投保	自愿投保
保险责任	地震	地震	地震等多种巨灾	地震
运作模式	公私合作	公私合作	公私合作	公私合作
核心机构	共保体	共保体	共保体	共保体
政府支持	政府引导、保费补贴、承担兜底责任	政府引导、保费补贴、承担兜底责任	政府引导、保费补贴、承担兜底责任	政策引导
保费补贴	100%	100%	8%	0
风险分层分担机制	投保人、共保体、再保险人、地震保险准备金、政府	投保人、共保体、再保险人、地震保险准备金、政府	投保人、共保体、再保险人、地震保险准备金、政府	投保人、共保体、再保险人、地震保险准备金、政府
投保率	100%	100%	27%	50%

资料来源：笔者根据调研自行整理。

云南农房地震保险自试点以来，除丽江试点以外，其他地区均为政策性农房地震保险试点。由于丽江试点为商业保险，其赔付情况并未对外公布，故此整理的赔付情况仅包含政策性农房地震保险试点地区的赔付情况，详见表4.3。

表4.3　　　　云南政策性农房地震保险试点保险赔付额情况

震中所在地	发震时间	震级（级）	保险赔付额（万元）
保山昌宁（大理灾区）	2015 年 10 月 30 日	5.1	753.76
大理云龙	2016 年 5 月 18 日	5.0	2800
大理漾濞	2017 年 3 月 27 日	5.1	2800
玉溪通海	2018 年 8 月 13 日	5.0	1600
普洱墨江（玉溪灾区）	2018 年 9 月 8 日	5.9	16.129
合计赔付额			7969.889

资料来源：李飞等：《云南地震保险试点工作经验与推广对策研究》，《城市与减灾》2019 年第 1 期。

（二）本土化的保险产品设计

从各农房地震保险试点方案的保险产品设计来看，大理和玉溪试点属于政策性的震级触发型指数保险，临沧试点属于政策性的损失补偿型保险，而丽江试点则属于纯商业化的损失补偿型保险。

各试点方案将产品专业性与实际操作性相结合，以云南省风险最高、损失最大的地震为保险责任，从地震巨灾着手，将受灾最严重、与居民切身利益高度相关的农房和居民生命作为保险标的。其中临沧试点承保农村居民、农房，但涵盖了农房内部的家用电器；大理和玉溪试点的保险标的均涵盖了农房和辖区内的所有居民；此外，丽江试点还为城乡住宅及室内附属设施承保。

大理州和玉溪市的农房地震保险为政府统保、农户自动投保，政府给予100%的保费补贴，承保期间的投保率达到100%。临沧试点和丽江试点的承保方式为自愿投保，临沧市县级财政给予8%的保费补贴，丽江试点无保费补贴，然而丽江市的投保率却高于临沧市。政策性农房地震保险试点提供的是基本保险保障，而丽江试点的投保人可根据自身的风险保障需求选择不同的保险金额。

四个试点地区对农房地震保险的探索和推进，首先，体现了保险服务参与并支持云南防灾减灾抗震救灾工作，形成了满足云南农村地区地震巨灾风险管理切实需要的云南模式。不仅如此，云南农房地震保险的试点尝试发挥保险行业风险管理的专业优势，整合了云南现有的抗震救灾体系，减少了财政应急支出压力，弥补了地震巨灾损失，促进云南农村地区经济社会的可持续发展。

其次，三个政策性农房地震保险试点在开展工作时，将保险的时效性与试点当地的实际操作性结合起来，实现保险服务与政府灾害救助体系的有效衔接。在政府的引导和支持下，使得农房地震保险的保障服务精准到户，保障从紧急预案启动，到现场查勘定损，再到保险赔付等工作的高效运行。此外，政府实行农房地震保险保费补贴制度，发挥该保险的灾后经济补偿功能，放大了财政资金的杠杆效应。

最后，通过试点工作的推进，树立农房地震保险赔付的示范效应，有助于培养当地农户的风险意识和保险意识，增进农户对保险的认可度，提升农户的投保需求，为农房地震保险等险种在云南农村地区的进一步推广打下良好的市场基础。

（三）以共保体为主的公私合作模式

大理试点和玉溪试点秉承"政府引导、市场运作、统筹兼顾、先行先试、分层保障、全面覆盖"的原则，其运作模式为公私合作模式①，由共保体负责保险产品的开发、保险理赔、防灾防损、推广宣传等具体工作的开展，充分发挥市场机制的优势，政府则通过保费补贴、税收支出等财政政策引导和推动农房地震保险的实施。

临沧试点遵循的是"政府推动、市场运作、保障民生、农户自愿"的原则，运作模式也属于公私合作模式，只是相对于大理和玉溪试点来说，临沧试点中的行为主体除了政府和共保体外，还鼓励农户自愿参与，政府根据农户的经济状况给予不同程度的保费补贴。

丽江试点根据"政府推动、市场运作、保障民生"的原则，采取"整合承保能力、准备金逐年滚存、损失合理分层"的运行模式。政府提供制度、立法和政策方面的支持保障，与此同时，成立共同体，通过整合保险行业力量，共同参与损失分担，由共保体负责地震巨灾保险的承保、查勘定损、理赔等具体运作。②

总体来说，云南农房地震保险试点采取的是市场和政府合作的运作模式，市场主导农房地震保险市场，政府通过制度设计、立法保障、政策制定等支持保障机制介入，通过市场主导、政府介入的运作模式向农户提供农房地震保险。其中丽江试点没有政府保费补贴，由投保人完全承担保费；大理、玉溪和临沧试点均有不同额度的政府保费补贴，大理和玉溪试点属于省级、州市和县区三级财政全额补贴，而临沧试点由政府给予部分保费补贴。

此外，四个农房地震保险试点的核心运作机构均为共保体。共保体中的主承保人负责农房地震保险的统保统赔，一方面负责保险出单和保费收取，并按照从共保人③的共保份额，将收取的保费分给各从共保人；

---

① 公私合作模式又被称为政府和市场合作模式，指承保公司作为微观的供给主体，负责地震保险的经营和赔付；政府作为主导者，通过保费补贴、提供再保险等方式介入保险市场，发挥政府的宏观调控作用（刘沐泽，2015）。公私合作模式是目前运用最广的地震保险运作模式，深圳市巨灾保险、四川省城乡居民住宅地震保险、日本住宅地震保险以及中国台湾住宅地震保险均采用了公私合作的运作模式。

② 《中国城乡居民住宅地震巨灾保险制度正式落地》，中华人民共和国中央人民政府，http://www.gov.cn/xinwen/2016-07/02/content_5087583.htm，2016年7月2日。

③ 从共保人指共保体中除主承保公司之外的其他承保成员公司。

另一方面，主承保人负责保险的统一赔付，从共保人再向主承保人支付共保份额赔款。此外，主承保人还负责与各政府部门、各从共保人之间的协调联络工作。例如，在大理和玉溪试点中，主承保人负责与政府相关部门一同建立联席会议制度，成立农房地震保险办公室，负责农房地震保险的具体运作。

(四) 分层分担的风险分散机制

四个农房地震保险试点均采取分层分担的地震巨灾风险分散机制。由投保人、保险公司、再保险公司、地震巨灾保险专项准备金、财政支持及其他紧急资金安排逐层承担损失。临沧试点和丽江试点基于"风险共担、分层负担"的原则，设定了各主体应承担的赔付限额及分层机制。四个试点方案均设置了赔付限额，然而未对再保险公司、地震巨灾保险准备金、财政支持应承担的损失分担额度做出具体规定。

设计地震巨灾风险分担机制有助于健全农房地震保险制度，而一个健全的农房地震保险制度能够为农户提供有效而可靠的风险保障，有助于促进农户投保。由于地震巨灾一旦发生，就会造成巨大损失。农房地震保险作为一种经济手段，能够起到灾后经济损失补偿的作用。然而仅靠农房地震保险并不足以应对云南地震巨灾风险，还需要进一步探讨地震巨灾风险的分散机制。具体说来，宏观层面考虑如何与全省的防灾减灾体系相结合，如何与政府的救灾资金相协调；微观层面考虑农房地震保险与再保险市场、地震巨灾保险基金，以及其他分散地震巨灾风险的金融工具的衔接，建立政府部门、农户和共保体协同合作、风险共担、多层分散的地震巨灾风险分散机制。

第三节　云南农房地震保险试点的农户投保现状

根据内外维度分析框架，从内部和外部两个维度分析农户的投保现状。具体而言，内部维度方面，以投保意愿和支付意愿作为农户投保行为的代理变量，分析投保现状的内部作用机制。外部维度方面，考虑对农户影响较大的政府行为，分析政府的支持保障制度，尤其是保费补贴制度与农户投保行为之间的关系。

一 内部维度下的云南农房地震保险试点农户投保现状

(一) 云南农房地震保险试点农户投保不足的现状

田玲等 (2015b) 指出由于国内巨灾保险数据缺乏,实地调研是开展巨灾保险投保研究的最佳方式。为了解云南农房地震保险试点地区农户的投保行为,调研组于 2017 年 6 月至 7 月,到云南省大理州农房地震保险试点地区进行实地调研。调研选择发生过保险赔付的云龙县和漾濞县作为调研地点,然后采取简单随机抽样的方法,在当地公安消防大队和当地乡镇、村委会的协助下,对云龙县的三个乡镇五个村,漾濞县的两个乡镇四个村开展了入户问卷调查,调研地区的情况详见表4.4。

表 4.4　　　　　　　　　　调研地区基本情况

地区	人均纯收入 (元)	所在村	受灾程度	主要宗教信仰	主要民族	样本量 (个)
云龙县	8259	丰收村	重度受灾	无	彝族	89
		河东村	轻度受灾	原始宗教	彝族	74
		新塘村	重度受灾	本主崇拜	白族	63
		包罗村	轻度受灾	无	白族	4
		诺邓古镇	轻度受灾	无	白族	55
漾濞县	9075	金盏村	轻度受灾	无	傈僳族	80
		普坪村	重度受灾	无	彝族	37
		白羊村	轻度受灾	无	彝族	73
		白章村	重度受灾	无	彝族	61

资料来源:云龙县人民政府,http://www.ylx.gov.cn;漾濞县人民政府,http://www.yangbi.gov.cn/,http://ylx.gov.cn/。

所选村镇互为对照组,四个为重度受灾村,五个为轻度受灾村。问卷内容包括:农户的投保行为、地震风险感知、保险认知、政府救助、农户的个体特征因素、家庭结构因素、农户的减灾行为以及房屋结构等。调研期间共发放问卷558份,收回有效问卷536份,问卷有效率为96%,最大允许误差未超过7%,符合简单随机抽样所需的最少样本数量 (柴辉,2010)。调研过程不仅包括问卷填写,还包括发放和讲解《地震常识和地震安全知识》,提升受访地区农户的地震风险意识。通过整理有效问卷,对农户的投保现状作如下描述统计分析。试图从农户的地震巨灾风险应对方式偏好、对农房地震保险的了解程度、对农房地震保险的投保意愿、支付意愿四个角度剖析农户的投保现状，其中问卷设计与变量赋值将在第五章作详细阐述。

1. 农户对农房地震保险的了解程度

农户对农房地震保险的了解程度、投保意愿以及农户的地震巨灾风险应对偏好的基本统计如表4.5所示。从表中可以看出，调查样本农户中有91.42%的人不知道农房地震保险，只有8.58%的人知道农房地震保险，由此可见绝大多数的农户并不了解当地正在试行的农房地震保险。

表4.5　农户对农房地震保险的了解程度、投保意愿以及农户的投保偏好

变量	选项	样本数（个）	比例（%）	变量	选项	样本数（个）	比例（%）
知晓农房地震保险	不知晓	490	91.42	农户首选的地震巨灾风险应对方式	政府救助	236	44.03
	知晓	46	8.58		提前防范	235	43.84
	总计	536	100		购买保险	28	5.22
投保意愿	愿意投保	337	62.87		求助亲友	17	3.17
	不愿意投保	199	37.13		听天由命	20	3.73
	总计	536	100		总计	536	100

资料来源：笔者自行整理。

在知晓农房地震保险的46名农户中，81%的农户通过政府宣传了解到农房地震保险，13%的农户通过电视报道了解，较少农户通过邻居或者其他方式了解，其中很少看到承保人的宣传介入（见图4.5）。

由于农房地震保险仍处于试点阶段步，农户缺乏和承保人的直接接触，农房地震保险的推广主要靠基层政府宣传，无从考量保险服务对农户投保行意愿的影响，故此在进行农户投保行为分析时，仅考虑政府对农户投保行为的影响，未考虑保险服务因素。此外，还可以看出，政府在农房地震保险推广过程中起到了至关重要的作用，基层政府宣传是农户了解农房地震保险的直接渠道。大部分农户知道拆除重建和修复加固等灾害救助是由政府提供，却不知道农房地震保险赔付为灾后恢复重建提供了部分资金，农户对政府救助具有极强的框架效应。

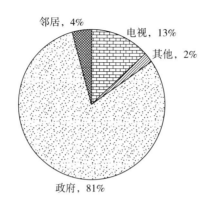

图 4.5　农户了解农房地震保险的渠道

资料来源：笔者自行整理。

2. 农户对通过投保应对地震巨灾的偏好程度

对于问卷中"你愿意以什么样的方式来应对地震等自然灾害？"的问题，通过对受访农户答案的整理以及简单的描述统计分析，得出农户的地震风险应对方式偏好的优先次序为：政府救助、提前防范、求助亲友、听天由命、购买保险，如表 4.6 和图 4.6 所示。表 4.5 还展示了在五个应对方式中，首选政府救助的人数占比最大，高达 44.03%，其次是提前防范、购买保险、听天由命和求助亲友。农户应对地震等自然灾害的最主要方式是依靠政府救助，只有 5.22% 的农户会将投保农房地震保险作为应对地震巨灾风险的首选方式，且平均来说，投保农房地震保险处在五种应对方式中的倒数第二位，说明农房地震保险试点以来，农房地震保险并非农户应对地震风险的首要选择。

表 4.6　　　　　　地震巨灾应对方式偏好的描述统计分析

	政府救助	提前防范	求助亲友	购买保险	听天由命
均值	3.85	3.46	2.93	2.84	1.92
中值	4.00	4.00	3.00	2.00	1.00
最大值	5.00	5.00	5.00	5.00	5.00
最小值	1.00	1.00	1.00	1.00	1.00
标准差	1.17	1.66	0.82	1.10	1.37
观测值	536	536	536	536	536

资料来源：笔者自行整理。

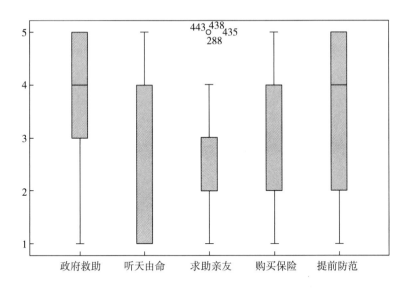

图 4.6　地震巨灾风险应对方式偏好的箱线图

资料来源：笔者自行整理。

从新古典经济学的角度来看，由于农房地震保险的保障对象为农房，一旦发生地震巨灾，造成的房屋损失较大，导致精算公平保费较高，农户受到自身预算约束的制约，在选择农业风险管理方式上，倾向于选择其他成本较低的管理方式。农户作为风险规避者，不愿意按照精算公平保费投保农房地震保险。从前景理论以及调研的实际情况看，农户未将投保作为应对灾害的最主要手段，这是农户自身理性选择的结果。此外，在调研过程中发现，绝大多数的农户对农房地震保险一无所知或对保险有负面看法。即便是在重灾区，受惠于灾后重建的农户也未曾听说过农房地震保险，农户在面对地震巨灾风险时，倾向于依赖全能型的政府。再加上部分农户曾有未获得相应农业保险赔付的经历，过往的不好经历让农户产生了代表性偏差，农户可能以偏概全，对新兴的政策性保险失去信任，不愿意投保农房地震保险。

3. 农户的投保意愿与支付意愿

在云龙县的 5 个村镇中，受灾程度最为严重的是长新乡，其次是团结彝族自治乡，最轻是诺邓古镇。其中长新乡的新塘村为 2016 年 5 月 18 日云龙地震的震中所在地，村里已经开展了大量的搬迁、恢复重建和排险加固工作。长新乡的包罗村也遭到了地震破坏，但是受灾情况稍微轻于新塘村。团结彝族自治乡的丰收村较同乡的河东村受灾更为严重。诺邓镇为 5 个村镇中受灾最轻的一个村镇。漾濞县苍山西镇的白羊村和漾江镇的金盏村为受灾较轻的村镇，苍山西镇的白章村和阳江镇的普坪村为受灾较重的村镇。

从表 4.5 可知，愿意投保的农户占样本农户总数的 62.87%，不愿意投保的农户占总数的 37.13%。表 4.5 统计了不同受灾程度的农户对农房地震保险的支付意愿。从表中可以看出，过半的农户愿意支付农房地震保险，在五档保费支付意愿中，最高保费支付愿意在 50 元以下的居多（占受访总人数的 39.93%）。在轻度受灾村镇，农户愿意支付地震保险的比例为受访轻度受灾农户总数的 65.69%；在重度受灾村镇，农户愿意支付地震保险的比例为受访重度受灾农户总数的 59.92%，可见重度受灾农户的地震保险支付意愿低于轻度受灾农户。

此结果与完颜瑞云、锁凌燕（2016）的最优保险消费决策模型的结论一致，投保人不会选择为巨灾损失投保，原因在于巨灾保险的保费过高。同时重度受灾区农户接受过更多的政府灾后加固、灾后重建等帮助，对政府产生了依赖性，农户倾向于通过被动接受政府救助，而非主动应对地震巨灾风险，正如田玲等（2015b）所言，防灾减灾中的政府救助行为抑制了农户的投保意愿。

表 4.7 不同受灾地区农户支付意愿统计

保费支付意愿 WTP	轻度受灾	轻度受灾（%）	重度受灾	重度受灾（%）	合计	合计（%）
愿意支付 50 元以下	128	46.72	86	32.82	214	39.93
愿意支付 50—100 元	31	11.31	57	21.76	88	16.42
愿意支付 101—200 元	11	4.01	7	2.67	18	3.36
愿意支付 201—300 元	6	2.19	7	2.67	13	2.43
愿意支付 300 元以上	4	1.46	0	0	4	0.75
愿意的合计	180	65.69	157	59.92	337	62.87
不愿意的合计	94	34.31	105	40.08	199	37.13
合计	274	100	262	100	536	100

资料来源：笔者自行整理。

4. 农户投保不足的现状小结

通过对云南省大理州农房地震保险试点地区开展田野调查，调查结果表明农房地震保险面临着较为严峻的投保不足、投保率低的问题。农户投保不足的问题表现为四个方面。

其一，从农户对农房地震保险的了解程度来看，农户对农房地震保险的了解程度较低，不到10%的农户知道农房地震保险。农户对该保险较低的知晓程度，再加上自身的有限理性，农户的选择存在熟悉偏差，不会选择投保自身不熟悉的农房地震保险。

其二，从农户对通过投保应对地震巨灾的偏好程度来看，在五种地震巨灾风险应对方式中，排在首位的是政府救助，通过投保应对地震巨灾风险排在农户应对偏好的倒数第二位，且只有近5%的农户会首先选择农房地震保险应对地震巨灾风险。此外，相比于受灾较轻的农户，受灾较为严重的农户更倾向于依赖政府灾后救助，而非选择投保。由此说明，农户习惯于选择政府救助等风险应对方式，这些风险对应方式对农房地震保险有替代效应，导致农户投保不足。

其三，从农户的投保意愿和支付意愿来看，当政府不再统一投保之后，由农户自行承担保费，其中有62.87%的农户愿意投保农房地震保险，然而愿意投保的绝大多数农户的支付意愿均在50元及以下。

其四，在自愿投保的政策性农房地震保险试点地区，农户的投保率仅为27%[1]，可见，农户投保意愿较低、支付意愿不足是农房地震保险试点过程中面临的急需解决的关键问题。

（二）云南农房地震保险试点农户投保不足的原因分析

从微观层面研究农房地震保险在试点期间出现的问题，目前还鲜有文献涉及。例如 Wang 等（2012）和 Tian 等（2015）也对地震保险中农户投保需求做了研究，然而这两篇文章的研究均基于理论假设而非基于实际调研。通过对我国首例农房地震保险试点地区农户的投保行为进行微观实证研究，识别试点过程中存在的问题、通过理论和实证分析，探索问题背后的机理，并给出对策建议，这有助于推动农房地震保险在云南甚至全国范围内的进一步推广。

---

[1] 笔者根据调研整理而得。

1. 农户的农房地震保险投保意愿

从投保意愿来看，通过比较农户自愿投保的临沧试点和丽江试点，可知丽江试点的农户投保率高于临沧试点的农户投保率。从临沧试点的情况来看，临沧仅有一年的试点时间，农房地震保险还在逐步推进，农户对农房地震保险的了解仍处于初步阶段。再加上，自临沧试点以来，尚未发生地震巨灾，农户缺乏对农房地震保险赔付效应的体验。即便政府给予投保农户8%的保费补贴，农户受限于自身较低的风险意识和保险认知度，自愿投保的意愿不高。然而，从丽江试点的情况看，丽江自1996年至今共经历了5次破坏性地震，居民的风险感知和保险意识较高，导致投保率较高。由此可见，农户自身的地震巨灾风险感知和保险认知水平是决定农户投保意愿的关键因素。

不仅如此，根据文献综述可知，农户的家庭结构因素、户主个体因素以及自发减灾行为、由房屋结构反映出来的风险暴露程度等都有可能影响农户的投保行为。云南农村多处于地震频发的高原山区，属于少数民族聚居地区，且农户的受教育水平普遍较低，此外农户自身的心理和认知偏差等主观因素均有可能会导致农户的投保意愿较低，导致农户投保不足。

除此之外，农户在应对地震巨灾风险时，还存在其他非保险的地震巨灾风险应对方式，作为理性经济人的农户会优先选择成本较低的地震巨灾风险应对方式，不一定会选择投保农房地震保险。其他替代性地震巨灾风险应对方式的存在使得农房地震保险的需求存在先天不足。斯凯博（1999）将保险的替代品分为自我保险和自我保障。[①] 对农户来说，一方面，农房地震保险是相对较新的地震巨灾风险应对方式，农户长期习惯于依靠政府救助、求助亲友、风险自留等方式应对地震巨灾风险；另一方面，由于农户的收入水平相对较低，受自身预算约束的限制，当农房地震保险的价格较高时，农户倾向于采用其他替代性地震巨灾风险应对方式，增加自我保险或者自我保障的数量，导致农户投保农房地震保险的投保意愿较低，农房地震保险的投保不足。正如 Richter 等（2014）所指出的，个体应对风险时，在保险方面的投资是远远不够的。

---

① 自我保险指个体采取的一切降低损失规模或严重程度的行为，自我保障指个体采取的降低损失发生可能性或频率的行为，对应前文提到的损失减少和损失预防（斯凯博，1999）。

2. 农户的农房地震保险支付意愿

斯凯博（1999）指出非寿险需求与当地的经济发展水平紧密相关，随着经济的发展，人们对正式的风险分担机制的依赖程度不断提高，对非寿险的需求逐渐增加。农房地震保险作为一种非寿险，农户的投保行为不仅取决于农户的投保意愿，还取决于农户的支付意愿，农户的支付意愿与农户的可支配收入相关。云南属于中国大陆边疆省份，2018 年的人均可支配收入为 20084.2 元，低于全国平均水平 28228.0 元，云南省的人均可支配收入略高于西藏、甘肃、贵州，却低于全国绝大多数省份的人均可支配收入。① 基于城乡二元经济体系，农村居民的人均可支配收入远低于城市，农户的支付能力有限。再加上农房地震保险不属于农户的刚性需求，在既定的预算约束下，如果农户没有足够高的风险意识和保险意识，则不会自发的选择投保，使得农户的农房地震保险投保不足。

此外，农房地震保险的价格是影响农户投保的重要因素（斯凯博，1999）。由于云南农村地区的房屋抗震设防标准较低，面临着较高的地震巨灾风险，导致保险公司根据公平精算保费厘定的费率较高。在没有政府补贴的前提下，受限于农户自身的收入水平，农户愿意缴纳的保费（愿缴保费）远低于农户应该缴纳的保费（应缴保费），农户的农房地震保险支付意愿不足，进而导致农户投保不足。

二　外部维度下的云南农房地震保险试点农户投保现状

从微观层面研究农房地震保险在试点期间出现的问题，目前还鲜有文献涉及。例如 Wang 等（2012）和 Tian 等（2015）对地震保险中农户投保需求做了研究，然而以上研究均为理论假设而非基于实际调研。通过对我国首例农房地震保险试点地区农户的投保行为进行微观实证研究，识别试点过程中存在的问题、通过理论和实证分析，探索问题背后的机理，并给出对策建议，这有助于推动农房地震保险在云南甚至全国范围内的进一步推广。本书关注政府支持保障行为对农户投保行为的影响，落脚点在保费补贴制度对农户投保行为的影响。

（一）保险制度设计对农户投保行为的影响

农房地震保险试点地区的保险制度设计与农户投保不足之间存在一

---

① 《2018 年云南统计年鉴》，http：//www. stats. yn. gov. cn/tjsj/tjnj/201812/t20181206 _ 823753. html，2018 年 12 月 6 日。

定关系。目前开展农房地震保险试点的州市较为有限，农房地震保险的覆盖面较窄。农房地震保险面临着较低的保险深度和保险密度，试点地区的总体投保率不高，农房地震保险的投保不足。

根据图4.1可知地震频数较高的地区是普洱市（19次）、楚雄州（16次）、丽江市（14次）、昭通市（12次）、德宏州（9次）、保山市（8次）和西双版纳州（7次）。除丽江以外，其他6个州市的地震发生频率均高于现行开展农房地震保险试点的大理、玉溪和临沧。与之相对比，现行试点州市的地震发生频率均处于中等偏下水平。可见，云南农房地震保险的保障范围较低，除现行试点州市外，有必要在其他地震多发州市相继开展农房地震保险试点工作，最终实现全省覆盖。

除此之外，在现行农房地震保险试点当中，临沧试点采用自愿投保的方式，临沧试点一年以来，由县区级政府给予8%的保费补贴，农户的投保率达到了26.76%。调研数据表明试点第二年预计的投保率为30%—35%，三年试点结束后试点投保率预期目标为50%。由此可见，农房地震保险的推广是一个不断发展的过程，在推行初期农户主动投保的比例不高，需要借助基层政府精确到户的引导力量，促进农户的投保行为。此外，纯商业性质的丽江试点采用的也是自愿投保的方式。从丽江试点的情况看，自2012年试点至今，在无政府保费补贴的情况下，丽江试点的投保率已经达到了50%。从丽江试点可以看出，在农房地震保险的推广过程中，农户的投保行为更大程度上取决于农户自身的风险感知和投保认知等主观因素。

大理和玉溪试点采用的是政府统保、农户自动投保的方式，投保率达到100%。然而仅依靠政府全额补贴保费、农户不负担保费，则农房地震保险运作模式缺乏可持续性。一旦地方政府停止保费补贴，农房地震保险的持续运转会举步维艰。例如大理州政策性农房地震保险试点三年之后，从2018开始，保险保障水平降为原来的40%，保费水平也降为原来的40%。再如玉溪市政策性农房地震保险在试点一年之后不再续保。由于采用政府统保统赔的方式，农户没有得到关于农房地震保险的充分宣传和教育，一旦政府不再全额负担保费，农户由于自愿投保的意识较低，不愿意自行承担保费，就容易出现投保不足的问题。

从四个试点的实践来看，政府统保或仅依靠农户完全自愿投保都并非最好的农房地震保险承保方式。在试点初期，可以实行政府引导、农户自愿投保的保险制度，通过政策引导，并对投保农户给予适当保费补贴，鼓励农户自愿投保。随着农房地震保险的不断推广，农户风险意识和投保意识不断提高，当达到预期投保率后，可综合考虑政府、农户和承保人的利益，适当减少财政保费补贴额度。

（二）政府支持保障制度对农户投保行为的影响

由于云南农房地震保险制度设计自身的局限性，使得试点农户对农房地震保险的投保存在客观不足，故此在政策性农房地震保险试点推行期间，政府通过政策引导、基层政府引导农户参与投保、给予投保农户保费补贴，为试点工作的开展提供支持保障，促进试点地区农户投保农房地震保险。此处主要阐述政策引导和基层政府引导，保费补贴制度将在下一部分详细阐述。

在政策引导方面。近年来，从国家到地方出台了一系列的政策文件支持农房地震保险试点的开展。正如第一章所言，国家通过出台相关政策文件，将保险业服务提到国家治理的高度，提升农房地震保险在防灾减灾和灾害应急管理中的作用，为农房地震保险试点的进一步推广提供了政策保障。

在基层政府引导农户投保方面。云南农房地震保险的实践表明，基层政府在引导农户投保方面起到了关键性作用。对于采取自愿投保的临沧试点来说，在试点初期，农户的风险意识和保险意识都较为缺乏，再加上农房地震保险不属于刚性需求，农户对保险的认可度较低。通过基层政府引导，组织农户参与防灾减灾教育、保险教育，有助于提高农户的投保意愿。此外，对于损失补偿型的临沧试点，开展精准到户的投保、核保服务以及勘查定损是其面临的最大挑战。对此市政府在乡镇级政府安排了专门的助理员，在村级安排了信息员，协助承保公司开展投保、核保、保险赔付工作，引导农户投保；且由民政部门、住建部门、地震局与为出险后的承保人勘查定损提供人员和技术支持，弥补临沧勘查定损困难。

大理和玉溪试点采用的是震级触发型指数保险，由政府统保，一旦发生地震巨灾，共保体根据地震局正式发布的震级，按照保险赔偿标准，将保险赔付足额支付到州市民政局的指定账户，再由民政局统筹安排灾后分步骤赔付到户的工作。统保统赔的震级触发型指数保险能够保证理赔的时效性，然而由于从承保到理赔，缺乏农户的参与，农户没有得到关于农房地震保险的充分宣传和教育。缺乏对赔付效应的亲身经历，导致农户对农房地震保险的知晓度较低，不利于该款保险的进一步推广。乡镇和村级政府是与农户直接接触的基层政府部门，在分步骤赔付的过程中，政府充分发挥引导作用，向农户说明灾后重建和灾后修缮的资金来源于保险赔付、进行保险赔款公示并开展关于农房地震保险的相关宣传工作，能够有效弥补农户对保险认知度不足的问题。

（三）保费补贴制度对农户投保行为的影响

1. 我国农房地震保险保费补贴制度现状

鉴于我国农房地震保险的历史较短且有关农房地震保险的研究较为有限，故此在分析农房地震保险补贴制度时，会参考其他几种涵盖地震责任的类似险种。

对于涵盖地震责任的政策性农房保险来说，其保费补贴制度因省份而异。江西省农村住房保险①实施方案将地震纳入其主险责任，按照政府推动、农户自愿投保的原则，为自愿投保的农户提供保费补贴，省级财政、县（市）两级财政以及农户承担的保费比例为1∶1∶1。"建档立卡"贫困户以及五保户由省及县（市）两级财政完全承担保费，保费补贴比例各为50%。陕西省农村住房保险②把地震责任作为附加责任险，农户投保时若选择地震责任，则多交6元的保费，保费补贴仅针对投保的农村低保户和分散供养的特困供养人员，补贴比例为25%，若补贴对象投保时同时选择附加的地震责任，则由财政全额补贴6元的附加保费，其保险方案鼓励但并未强制要求普通农户参保。广西农村住房保险③责任涵盖地震责任，由政府全额提供基本保险保障，其中省级财政承担75%，县（区）财政承担25%，在此基础上鼓励农户自费投保不同档次的增额保险金额。

对于包含农村住宅在内的中国城乡居民住宅地震保险来说，以四川省为例，农户自担40%的保费，由省、市、县三级财政共同补贴60%的

---

① 《万安县农村住房保险实施方案》，井冈阳光农廉网，http：//www.jasygnlw.com/zhen/content_wa.asp？id=117&tab=zhen10，2018年2月12日。

② 《农村住房保险保费补贴制度》，陕西省财政厅，http：//czt.shaanxi.gov.cn/info/1396/24821.htm，2017年5月11日。

③ 《关于印发〈桂林市2015-2016年度农村住房政策性保险工作方案〉的通知》，广西壮族自治区桂林市政府网站，http：//www.guilin.gov.cn/wap/xxgk/ztxxgk/bmwj_15283/smzj_15299/201601/t20160120_563908.html，2015年7月21日。

保费，其中省级财政承担30%，市、县两级财政的承担比例根据其具体财力决定。对于特殊优抚人群，由政府给予100%的保费补贴，具体补贴比例据地方财力而定。

对于包含地震责任在内的巨灾保险来说，以深圳市巨灾保险为例，深圳市政府全额提供巨灾保险保费，保费补贴比例达到100%。此外，由于农房地震保险属于三农保险的大类，有些地方甚至将其列入农业保险，故此还可以借鉴实践经验较为丰富、研究较为成熟的农业保险保费补贴制度。总体来说，我国政策性农业保险的各级财政保费补贴比例将近80%[1]，由农户自行承担20%。在80%的补贴比例中，中央财政根据地区差异承担35%—50%，省级财政对种植业和养殖业的承担部分不低于25%和30%。省级财政承担的补贴部分，由省级、州市、县区政府根据当地财政实际情况划分各自的承担比例（丁少群、姚淑琼，2012）。

综上可知，我国农房地震保险实行的是省本级保费补贴制度，中央财政不参与补贴。保费补贴由省级、州市和县区三级地方财政承担，部分试点地区由民政部门承担重点优抚对象的部分保费。各试点地区三级财政承担的比例不一，但总的来说，在三级财政参与的保费补贴中，其中省级财政承担补贴额度的60%，省级以下财政承担40%；在省级财政不承担的试点地区，州市财政承担补贴额度的60%，县区承担补贴额度的40%。然而在无省级财政承担的试点当中，州市及县区财政承担的额度较为有限，导致地震巨灾风险保障不足的问题。在最新推出的临沧试点当中，保费补贴只占总保费的8%，保费补贴比例呈现出下调趋势。

其他几种类似险种当中与农房地震保险制度设计较为相似、保费补贴制度可供借鉴的是城乡居民住宅地震保险和农业保险。四川省城乡居民住宅地震保险位居全国城乡居民住宅地震保险试点之首，再加上四川省面临地震巨灾风险高、灾情严重的现状，其保费水平与现行农房地震保险相近，其保费补贴制度对于农房地震保险保费补贴制度的优化具有借鉴意义。此外，严格来说，农房地震保险属于"三农"保险，不属于农业保险的范畴，将住房保险纳入农业保险的省份不多，农业保险有中央财政参与保费补贴，且补贴力度较大。然而由于我国农业保险的保费

---

[1]　农业农村部：《各级财政对农业保险的保费补贴比例接近八成》，https：//baijiahao. baidu. com/s？id = 1645824332998349781&wfr = spider&for = pc，2019 年 9 月 27 日。

补贴制度实践经验丰富并且学术研究成果丰硕，在农房地震保险的实践和研究都较为匮乏的情况下，农业保险的保费补贴制度值得借鉴。深圳市巨灾保险或其他省份的政策性农村住房保险，属于为居民提供基本风险保障的多灾因保险，其保险金额相对较低，且各地的保费补贴制度具有地方特色且差异较大，然而其保险制度设计具有典型性和代表性，为农房地震保险的进一步发展提供参考模板。

2. 云南农房地震保险试点的保费补贴制度对农户投保行为的影响

云南省大理州政策性农房地震保险采取统保统赔的方式，在试点前三年，政府支付100%的保费，省级、州市和县区三级财政承担的比例分别为60%、16%和24%。从第四年开始，省级财政不再承担保费，大理州农房地震保险的保险金额和保费减少60%，州市和县区财政承担相同数额的保费，但承担比例变成州市承担40%，县区财政承担60%。玉溪市政策性农房地震保险在试点期间也是采取统保统赔的方式，保费由省级、州市和县区三级财政全额承担，承担比例分别为60%、20%和20%。临沧市农房地震巨灾综合保险试点采用的是政府引导、农户自愿的投保方式，农户自担92%的保费，由县级财政给予8%的保费补贴。对于城乡低保和重点优抚对象，政府给予42%的保费补贴；对于特困农户则由政府承担全额保费。云南农房地震保险试点的保费补贴情况详见表4.8。

表4.8　　　　　　云南农房地震保险试点保费分担概况　　　　单位：元，%

试点地区	年限	户均保费（元）	农户自筹		财政补贴					
			数额	占比	省级财政		州市财政		县区财政	
					数额	占比	数额	占比	数额	占比
大理	2015—2018	39.00	0	0	23.4	60	6.24	16	9.36	24
大理	2018—2020	15.60	0	0	6.24	0	6.24	40	9.36	60
玉溪	2017—2018	39.00	0	0	7.80	60	7.80	20	7.80	20
临沧	2018—2020	60.00	55	92	0	0	0	0	5.00	8

资料来源：李飞等：《云南地震保险试点工作经验与推广对策研究》，《城市与减灾》2019年第1期。

可见，保费补贴可以提高农户投保率，促进农户投保。并且临沧试点说明，随着试点的不断发展，政府逐渐减少对农房地震保险市场的介入程度，让市场发挥主要作用是现行云南农房地震保险的趋势所在。再加之，正如前文所言，农户的风险感知和保险认知水平是影响农户投保的关键因素。因此，随着农房地震保险的不断发展，以及农户的风险感知和保险认知水平不断提高，政府保费补贴对农户投保行为的影响可逐渐淡化。政府可以实行动态的保费补贴制度，根据实际情况，在达到预期投保率后，逐年减少保费补贴份额。

第四节　本章小结

本章分析了云南省面临的地震巨灾风险、云南农房地震保险试点及农户的投保现状。首先从孕灾环境的稳定性、致灾因子的风险性以及承灾体的脆弱性分析了云南省面临的地震巨灾风险。之后介绍了中国农房地震保险的发展历程、云南农房地震保险的历史沿革，并对云南省大理、玉溪、临沧和丽江试点现状做了简要介绍和分析。通过对以上试点方案的对比分析，结果认为各试点地区的保险产品设计均具有当地特色。尽管试点方案各不相同，但在当地政府与共保体的共同努力下，已形成了满足各试点地区地震巨灾风险管理切实需要的当地模式。

随后，根据对试点农户投保行为的实地调研，从内部维度和外部维度分析农户的投保现状。内部维度的分析表明农房地震保险面临着较为严峻的农户投保不足、投保率低的问题。具体而言，从农户对该保险的了解程度看：农户对农房地震保险的了解程度普遍较低，再加上农户自身的有限理性，且存在熟悉偏差，不会选择投保自身不熟悉的险种。从农户对投保应以对地震巨灾的偏好程度看：投保农房地震保险并不受农户青睐，农户更习惯于选择政府救助、求助亲友、自我防范等应对方式，这些地震巨灾风险的应对方式对农户投保产生替代效应，导致农户投保不足。从农户的投保意愿和支付意愿来看：有62.87%的农户愿意投保，但绝大多数农户的支付意愿在50元及以下。此外，在自愿投保试点地区，农户的投保率仅为26.76%，可见，云南农房地震保险试点面临着农户投保意愿较低且支付意愿不足的现状。

从农户投保不足的原因来看，投保意愿方面，农户的风险感知与保险认知水平是影响投保行为的关键因素，而农户自身的心理和认知偏差等主观因素均有可能会导致农户的投保意愿偏低，进而导致农户投保不足。此外，其他替代性应对方式的存在，使得农户倾向于选择其他替代性应对方式，而非投保农房地震保险。支付意愿方面，农村居民的人均可支配收入相对较低，支付能力有限。再加上农房地震保险不属于农户的刚性需求，在既定预算约束下，如果没有足够高的风险意识和保险意识，农户不会自发做出投保行为，这使得农房地震保险的农户投保不足。不仅如此，根据公平精算保费厘定的农房地震保险费率较高，在没有政府补贴的前提下，农户受限于自身的收入水平，愿缴保费低于应缴保费，即农户对农房地震保费支付意愿不足，进而导致农户投保不足。

云南农房地震保险投保现状的外部维度方面，首先结合云南农房地震保险试点的实际情况，分析了农户、政府与共保体三者之间的相互关系。农户的投保行为、共保体的承保行为以及政府的支持保障行为是息息相关的。但实际情况中，缺乏承保人与农户间的直接互动，所以也无从考证承保人与农户之间的关系。因此主要从政府和农户两个主体入手，分析政府的支持保障行为对农户投保行为的影响。从外部制度环境中的保险制度设计看，云南农房地震保险制度设计的局限性，使得试点农户对农房地震保险的投保存在客观不足。目前云南农房地震保险的覆盖面较窄，且政府统保、单靠农户自愿投保都并非最好的承保方式。从政府支持保障制度看，试点期间，政府通过政策引导、基层政府引导农户参与投保，给予保费补贴，为该保险试点工作的开展提供支持保障，促进试点地区农户投保，其中保费补贴制度是较为有效的政府支持保障制度。

本章结合云南农房地震保险的实际情况，从内外维度对农户的投保现状做了初步探讨。在接下来的章节中，将结合云南试点数据，深入分析农户投保行为的内部作用机制，以及外部制度环境对农户投保行为的影响，为促进农户投保行为提出对策和建议。

第五章 农户投保行为的内部作用机制分析
——基于投保意愿的视角

基于农户投保行为的内外维度分析框架，从农户投保行为的内部作用机制维度，以农户投保意愿为落脚点，结合实地调研数据，分析农户投保意愿的内部作用机制。选择云南省大理州农房地震保险试点地区作为调研地点，通过入户问卷和深度访谈，检验农户投保意愿的影响因素及影响机理。首先，构建农户投保意愿的理论模型，对投保意愿影响因素的选取及模型假设做了阐述，并介绍了调研地点的选取、变量赋值等研究设计内容。其次，通过描述统计分析和回归分析方法，分析农户投保意愿的影响因素。最后，基于实证结果，对农户投保意愿的内部作用机制作进一步讨论。

第一节 农户投保意愿的理论模型构建

一 影响因素选取与模型假设

（一）农户的有限理性投保行为

面对农房地震保险的投保决策，农户作为投保人，受限于农村地区客观的环境和条件以及信息获取途径的限制，一方面收集到的有关决策的信息不够全面；另一方面由于农户的教育背景、个人经历以及信息获取途径对农户个人认知的影响，使得农户的认知是有限的，无法像理性经济人一样遵从调查、分析、推断和决策的认知过程，故此农户面对农房地震保险的投保决策时是有限理性的。

前景理论决策权重函数的劣可加性决定了个体对小概率、大损失事件的厌恶，而地震巨灾属于小概率、大损失事件，故此农户出于厌恶小概率、大损失事件的原因会选择投保农房地震保险；然而，前景理论也指出个体在决策中存在认知偏差、心理偏差和偏好（阿科特、迪弗德，

2017）。假设农户存在认知上和心理上的偏差和偏好，使得农户在投保农房地震保险的时候无法做出完全理性的决策。认知偏差可分为凭借经验做决策而产生的启发式偏差（又称为代表性偏差、或非贝叶斯法则偏差）、凭借事件的熟悉程度做决策而产生的可得性偏差，以及凭借背景做决策而产生的框定偏差。心理偏差和偏好包括心理账户、从众行为、过度自信、证实偏差、禀赋效应和短视偏差，以及模糊厌恶与熟悉偏好（饶育蕾等，2019）。

（二）投保决策过程相关的因素选取与假设

依据已有文献、农户投保决策过程的影响因素以及云南农房地震保险试点的实际情况，选取农户投保行为的影响因素，并分为农户投保决策过程相关的影响因素、其他主观因素和其他客观因素三类。再结合农户的有限理性，以及认知偏差、心理偏差和偏好的存在，做出关于农户投保行为影响因子的相关假设。

前景理论框架下的农户投保决策过程分为编辑阶段和评估阶段（见图3.3）。在编辑阶段，个体根据自身偏好对事件结果和相关信息进行收集整理并进行编码。编辑阶段考虑的因素包括风险感知和保险认知等形成保险需求的因素，以及作为外界诱因的政府灾后救助因素。正如第三章所言，本书未考虑投保决策过程中的保险服务因素。农户投保决策过程相关的影响因素如图5.1所示。

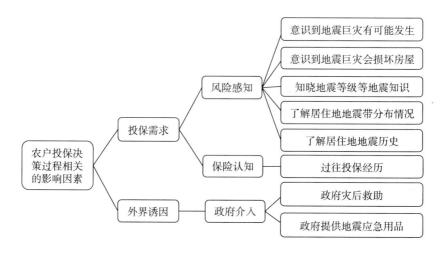

图 5.1　农户投保决策过程相关的影响因素

资料来源：笔者自行整理。

风险感知既是投保决策过程中的重要影响因素，同时也是众多文献一致认为能够正向影响农户投保行为的首要因素。根据行为金融学理论，农户对农房地震保险的认知可能存在凭借事件的熟悉程度做决策的可得性偏差，以及心理可能存在模糊厌恶与熟悉偏好，农户的投保意愿取决于自身对农房地震保险相关知识的认知水平。农户对当地的地震历史以及地震危害性等地震风险背景知识的了解程度，决定了农户对地震巨灾风险的感知水平，进而决定了农户投保农房地震保险决策行为。农户对地震风险背景知识了解越多，即地震巨灾风险的感知水平越高，说明农户更愿意尝试农房地震保险。根据已有文献对风险感知的代理变量的选取，从风险感受和风险认知两方面来刻画农户风险感知。选取农户对破坏性地震发生的可能性以及破坏性地震损坏房屋的可能性的风险感受程度，以及对震级、地震带、地震历史的风险认知程度共五个代理变量衡量农户的风险感知水平。根据前文的分析，关于风险感知水平作出如下假设：

H_{1a}：农户对地震巨灾发生可能性的感知能够正向影响农户的投保意愿。

H_{1b}：农户对地震等级知识的了解能够正向影响农户的投保意愿。

H_{1c}：农户对居住地地震带分布情况的了解能正向影响农户的投保意愿。

H_{1d}：农户对居住地地震历史的了解能正向影响农户的投保意愿。

H_{1e}：农户对地震巨灾损坏房屋可能性的感知正向影响农户的投保意愿。

关于保险认知的文献指出，投保经历对投保人采取投保行为有积极影响。根据行为金融学理论，农户对农房地震保险的认知可能存在凭借经验做决策的启发式偏差，因此农户先前的投保经历会对农户现在的投保行为产生影响。过往投保经验越多的农户更愿意选择投保农房地震保险。然而正是由于启发性偏差的存在，不排除部分农户可能因为对部分保险的负面体验导致其以点带面，对所有保险产品的看法持代表性偏差（非贝叶斯法则偏差）。故此选取投保经验作为保险认知的代理变量，并提出下述有待检验的假设：

H_2：农户投保经验越丰富，则农户的投保意愿越高。

有关政府介入巨灾保险市场的研究表明，政府的灾后救助对居民的投保行为具有抑制作用。根据行为金融学的理论，农户存在凭借背景做出决策而产生的框定偏差。地震多发地区的农户习以为常的应对地震巨灾的方式就是政府的灾后救助，再加上农户接收的地震巨灾信息主要由政府部门直接发布，政府救灾也通过电视、互联网、广播等途径广泛报告，使得政府在抗震救灾中发挥着"全能"作用，容易造成农户心理的框定偏差和对政府的强依赖性（周振、谢家智，2010）。

在云南农房地震保险试点地区，政府除了实行灾后救助之外，还会给农户发放地震应急用品。也有学者将政府提供地震应急用品纳入农户投保行为的研究当中，例如田玲、屠娟（2014）的研究认为政府发放地震应急用品会降低农户的风险感知，进而减少巨灾保险需求。基于行为金融学的理论以及现有文献研究结果，且结合农房地震保险试点地区的实际情况，以政府灾后救助和政府提供地震应急用品作为政府介入的代理变量，提出以下假设：

H_{3a}：政府救助对农户的投保意愿产生负向影响。

H_{3b}：政府提供地震应急用品负向影响农户的投保意愿。

（三）其他主观因素的选取与假设

除投保决策过程相关的影响因素，还考虑了农户的社会人口因素和农户自发减灾行为对投保行为的影响。根据现有文献，社会人口因素可以分为户主个体特征和农户家庭结构因素两个维度。户主个体因素包括户主性别、年龄、教育背景，家庭结构因素包括家庭年均收入、家庭人口数、家庭务农人数等。已有文献指出，实证研究中应当考虑地方特色因素，结合试点地区外出务工较为突出的现象，将外出务工人数作为家庭结构因素之一。已有研究对投保决策中社会人口因素的选取说法不一，主要取决于调研目的以及被调研主体的个体特征。结合已有研究以及试点实际情况，选取的农户主观因素如图 5.2 所示。

在所能获取的文献中，普遍认为年龄越大的农户更不愿意投保农房地震保险。根据行为金融学，农户的认知可能存在可得性偏差，其心理可能存在模糊厌恶与熟悉偏好，越高龄的农户自身积累的经验越多，更倾向于选择自身熟悉的风险应对方式，对于新兴的、自身不太熟悉的农房地震保险可能不愿意尝试。因此对于年龄因素作出如下假设：

H_{4a}：年龄越大的农户越不愿意选择投保农房地震保险。

正如前文指出的，学者针对国外微观数据的研究认为受教育程度越低

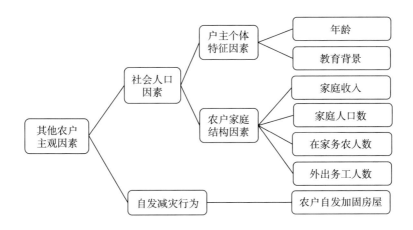

图 5.2 其他主观因素

资料来源：笔者自行整理。

的居民由于自身抵抗风险能力较弱，会选择为房屋投保，以应对自身无法应对的地震巨灾风险；学者针对国内的微观数据的研究表明受教育程度低的居民，保险认知和风险感知程度较低，不愿意投保巨灾保险。随着农村经济的不断发展，农户的受教育水平不断提高，农户的风险意识、保险认知水平也随着教育水平的提高而不断提高，故此，关于教育背景作如下假设：

H$_{4b}$：农户的教育背景对农户投保意愿有正向影响。

关于性别的研究认为，女性较男性来说，面对地震风险时更为敏感，表现出更高的地震风险意识，且女性的自我减灾能力相对较弱，更愿意通过投保地震保险抵抗地震巨灾风险。以户为单位开展问卷调查，调查对象为户主，在云南农村主要由男性担任家庭户主。受访农户当中男性户主占60.82%，女性户主占39.18%，这与当地由绝大多数男性担任家庭户主的情况相吻合，且在愿意投保和不愿意投保的性别比例中，男性的比例均高于女性。由于性别比例不符合随机抽样原则，故未将性别因素作为投保行为的影响因素来考虑。

除了户主个体因素，较多文献还考虑了家庭结构中的经济收入因素。相关文献指出，收入对投保行为有显著的正向影响，居民的财务状况为居民投保提供较好的经济保障，收入越高的农户更有经济能力投保农房地震保险。由于以户为基本研究单位，故此，选择家庭年收入作为家庭收入的衡量指标，并提出以下假设：

H_{5a}：农户的家庭年收入越高，则更愿意购买农房地震保险。

将家庭人口数、家庭劳动力人口数、家庭务农人数、家庭外出务工人数作为影响因素的研究不多，田玲、姚鹏（2013a）将家庭人口数纳入影响因素的研究中，认为家庭人口数不是影响投保行为的显著因素。为更好地刻画家庭结构因素，选取家庭人口数、家庭劳动力人口数、家庭务农人数、家庭外出务工人数作为可能的家庭结构影响因素。其中外出务工人数是农村较为常见的现象，外出务工人数越多的家庭，其经济状况更好。根据行为金融学理论，农户可能存在过度自信的心理偏差，使得农户面对地震巨灾时倾向于依靠自身力量而非借助保险等外界力量，故此推断外出务工人数越多的家庭，投保农房地震保险的概率越低。为检验社会人口因素对农户的投保意愿是否有影响，作如下假设：

H_{5b}：家庭人口数越多则投保意愿越高。

H_{5c}：家庭务农人数越多则投保意愿越高。

H_{5d}：外出务工人数越多的家庭的投保意愿越低。

关于农户自我减灾行为的研究指出农户加固房屋等自我减灾行为对投保意愿的影响不定。一方面，风险感知较强的农户会采取加固房屋或者购买保险等方式应对地震巨灾风险，故采取自我加固房屋的农户也会选择投保农房地震保险；另一方面，根据行为金融学理论，农户在做决策的时候可能存在过度自信，农户倾向于依靠自我减灾行为，而非通过寻求保险等方式抵御风险。再加上农户也可能由于缺乏风险意识，不会主动采取自我减灾行为，而是基于框架效应，依靠政府救助。本书对农户的自我减灾行为暂且提出以下假设：

H_6：农户自我减灾行为对投保意愿产生负向影响。

（四）其他客观因素的选取与假设

除了主观因素之外，还考虑了房屋结构和地区差异两个客观因素对投保意愿的影响。Botzen 等（2009）和 Tian 等（2014）认为房屋结构越好则风险暴露程度越低，越不愿意投保巨灾保险。根据行为金融学理论，农户可能因为存在自信偏差，认为自家房屋能够抵御地震巨灾风险，而选择不投保农房地震保险，即房屋结构越好的农户越自信，农房地震保险的投保率越低。故此提出的假设为：

H_7：房屋结构对农户投保意愿存在负向影响关系。

考虑地区因素的研究认为居民的投保行为存在地区差异。居民的投保意愿具有短期记忆的特点，居民对破坏性地震的经历时间相隔越近，则风险意识越高，进而更愿意投保巨灾保险。选取的两个调研地区均在相隔一年左右的时间里发生过 5.0 级的地震，故此根据已有研究提出以下假设：

H_8：经历地震时间越近地区的农户投保意愿越高。

二　研究设计

（一）调研地点选择

选取全国首个省域范围内开展农房地震保险试点的省份——云南省开展实证案例。其中试点时间最长、发生保险赔付最多的是大理州政策性农房地震保险试点。大理州地处中甸至大理地震带、红河断裂带等多条断裂带上，是云南省地震活动较活跃的地区之一。大理州辖区内山地占比为93.4%，经济发展缓慢，少数民族人口占比过半，农村的住房条件以土木结构为主，存在较大风险隐患。总而言之，大理州的地理区位、欠发达的社会经济状况以及较差的住房条件等因素使得当地面临极高的灾害脆弱性，其地震风险具有典型性和代表性。

云龙和漾濞是试点以来的地震受灾县，且接受过农房地震保险的赔付，故选择这两个县作为调研地点。云龙县于 2016 年 5 月发生了震级为 M5.0 级的地震，漾濞县于 2017 年 3 月 27 日发生了震级为 M5.1 级的地震。① 此外，云龙和漾濞均为少数民族聚居县，是云南边疆少数民族的典型代表。云龙境内有 20 多个民族，少数民族占比为 87.49%，白族占总人口的 72.92%、彝族占 6.08%、傈僳族占 5.43%。漾濞境内有 17 个民族，彝族占总人门的 47%。所以选择这两个县开展调研具有一定的代表性。调研数据来源已在第四章做了说明。

（二）变量赋值与问卷设计

问卷是本书开展田野调查的主要工具。开展问卷调查和深度访谈地区的农户主要为少数民族，然而由于绝大多数的农户会讲普通话，故此调研主要以普通话开展，存在语言障碍的由协助调研的村委会专员进行讲解和翻译。

---

① 云南防震减灾网，http：//www.yndzj.gov.cn/。

从农户对农房地震保险的了解程度（KnowingOrNot）、采用保险应对地震巨灾风险的偏好程度（Mechanism_ WTI）、投保意愿（Willing to Insure，WTI）以及支付意愿（Willing to Pay，WTP）来刻画农户的投保行为。农户对农房地震保险的了解程度通过问题"您是否了解农房地震保险?"来衡量。对应的选项为了解（得分为 1 分）和不了解（得分为 0 分）。若农户的回答是了解，则继续追问农户了解的渠道，了解渠道包括政府推广宣传、保险公司推广宣传、广播、电视、报纸、邻里或其他渠道。

农户通过投保应对地震巨灾风险的偏好程度以"您愿意以何种方式来应对地震等自然灾害?"的问题来衡量，需要受访农户对政府救助、听天由命、求助亲友、愿意投保、提前防范五种地震巨灾应对方式的优先次序进行排序（优先次序从前往后的得分从 5 到 1 依次递减，优先次序最高的得分为 5 分，最低为 1 分），根据各选项得分了解农户对通过投保应对地震巨灾风险的偏好程度。

其中投保意愿衡量的是农户是否愿意投保农房地震保险，对应的问卷问题为"现行农房地震保险试点由省、州、县三级财政承担保费，若在试点结束后，保费由您自行承担您是否愿意?"。对应选项包括愿意（得分为 1）和不愿意（得分为 0）。在后文的投保行为影响因素分析中，投保意愿将作为分析的因变量。

此外，支付意愿衡量的是农户投保时最高愿意支付的保费，对应的问卷问题为"您最多愿意支付多少保费?"。给出的选项包括："最高保费支付意愿为 50 元以下""最高保费支付意愿为 50—100 元""最高保费支付意愿为 101—200 元""最高保费支付意愿为 201—300 元""最高保费支付意愿为 300 元以上"，以上选项的得分从前往后依次是 1、2、3、4、5。

依据前文选取的影响因素以及相关假设，结合调研地区的实际情况，进行问卷设计和变量赋值。可能影响投保行为的因子包括三类，分别是客观因素、农户主观因素和决策过程中的影响因素。对应的八个子类为：地区差异、房屋结构①、农户个体特征因素、农户家庭结构因素、农户的

---

① 房屋结构中的其他结构主要指傈僳族特有的石木结构，石木结构属于抗震性能极差的一类结构类型。

自发减灾行为、风险感知、保险认知以及政府介入。对农户的家庭年均收入取常用对数。变量赋值与对应的问卷问题设计如表5.1所示，农房地震保险的投保意愿作为因变量，其他可能的影响因子为自变量。

表5.1　　　　　　　　　变量赋值与问题设计

变量类别		变量名称	问卷问题设计	得分
农户投保行为	知晓保险	Knowing_or_not	您是否了解农房地震保险？0 = 不了解；1 = 了解	0—1
	对投保应对灾害的偏好程度	Mechanism_WTI	您愿意以何种方式应对地震等自然灾害？请对以下应对方式从1到5进行排序：购买保险；政府救助；听天由命；求助亲友；提前防范	1—5
	投保意愿	WTI（因变量）	若需自担保费，您是否愿意投保？0 = 不愿意；1 = 愿意	0—1
	支付意愿	WTP	您最多愿意支付多少保费？1 = 50元以下；2 = 50—100元；3 = 101—200元；4 = 201—300元；5 = 301元以上	1—5
客观因素	地区差异	Region	您所在的地区是？0 = 云龙县；1 = 漾濞县	0—1
	房屋结构	StructureType	您的居住房屋结构是？1 = 土搁梁；2 = 土木结构；3 = 砖木结构；4 = 砖混结构；5 = 框架结构；6 = 其他结构	1—6
农户主观因素	社会人口因素——户主个体特征因素	Gender	您的性别是？0 = 男；1 = 女	0—1
		Age	您的年龄是？1 = 25岁以下；2 = 25—34岁；3 = 35—44岁；4 = 45—54岁；5 = 55岁及以上	1—5
		Education	您的受教育年限是？1 = 6年及以下；2 = 7—9年；3 = 10—12年；4 = 13年及以上	1—4
	社会人口因素——农户家庭结构因素	FamilyIncome	您家庭的年均收入（对实际收入进行对数处理）	3—5
		FamilySize	您的家庭人口数	1—8
		AgriculturalLabors	您家庭从事农业劳动的人口	0—5
		Out-migratingLabors	您家庭外出务工人口数	0—3
	自发减灾	Reinforcement	您是否根据抗震效果加固房屋？0 = 否；1 = 是	0—1

续表

变量类别		变量名称	问卷问题设计	得分
决策过程中的影响因素	风险感知	RiskPerception_ 1	破坏性地震是否会在您的居住地发生？0＝否；1＝是	0—1
		RiskPerception_ 2	您是否了解地震级数？0＝否；1＝是	0—1
		RiskPerception_ 3	你是否了解居住地地震带分布情况？0＝否；1＝是	0—1
		RiskPerception_ 4	您是否了解居住地的地震历史？0＝否；1＝是	0—1
		RiskPerception_ 5	您是否认为破坏性地震会损害您的房屋？0＝否；1＝是	0—1
	保险认知	InsuranceExp	您往年投保过的保险数目为？	1—4
	政府介入	Government_ subsidy	您是否能够重建倒塌的房屋？0＝能；1＝不能，需政府承担部分；2＝不能，需政府完全承担	0—2
		Government_ kit	政府是否提供了地震应急用品？0＝否；1＝是	0—1

注：由于表格篇幅所限，该处对问卷问题设计的表述做了简化，问卷问题详见附录。
资料来源：笔者自行整理。

第二节　农户投保意愿影响因素的实证分析

一　农户投保意愿与影响因素的描述统计分析

通过整理有效问卷，对作为因变量的投保意愿以及可能影响投保意愿的自变量做了描述统计分析。自变量和作为因变量的投保意愿的描述统计分析结果如表 5.2 所示，从中可以看出投保意愿的均值为 0. 63（标准差为 0. 48），表明绝大多数的样本农户愿意购买农房地震保险，愿意投保的比例达到 63%。

表 5.2　　　　　　　　　因变量和自变量的描述统计分析

变量名称	变量描述	个案数（个）	平均值	标准差	最小值	最大值
WTI	投保意愿	536	0.63	0.48	0	1.00
Region	地区差异	536	0.47	0.50	0	1.00
HouseType	房屋类型	536	2.25	0.84	1.00	6.00
Age	年龄	536	3.16	1.12	1.00	5.00
Education	教育水平	536	1.77	0.79	1.00	4.00
FamilyIncome	家庭收入	536	4.33	0.28	3.30	5.08
FamilySize	家庭人口数	536	4.34	1.13	1.00	8.00
AgriculturalLabors	家庭务农人数	536	2.23	0.85	0	6.00
MigratingLabors	家庭外出务工人数	536	0.34	0.69	0	6.00
Reinforcement	自我加固房屋	536	0.39	0.49	0	1.00
RiskPerception_ 1	风险感知 1	536	0.65	0.48	0	1.00
RiskPerception_ 2	风险感知 2	536	0.16	0.36	0	1.00
RiskPerception_ 3	风险感知 3	536	0.14	0.34	0	1.00
RiskPerception_ 4	风险感知 4	536	0.19	0.39	0	1.00
RiskPerception_ 5	风险感知 5	536	0.65	0.48	0	1.00
InsuranceExp	投保经历	536	1.75	0.60	0	4.00
Government_ subsidy	政府灾后补助	536	1.25	0.50	0	2.00
Government_ kit	政府发放应急用品	536	0.74	0.44	0	1.00

资料来源：笔者调查所得。

（一）投保意愿与投保决策过程相关因素

根据前文可知，投保决策过程相关的因素主要包括风险感知、保险认知和政府介入三大类因素。风险感知与投保意愿之间的交叉分类关系如表 5.3 所示。根据表 5.3 可知，64.74% 的受访农户认为地震巨灾有可能发生，且 65.30% 的受访农户认为地震巨灾会损坏房屋。不知道地震震级、居住地的地震带分布、当地地震历史的农户分别占到了 84.51%、86.38%、80.97%。从中可知，农户对地震等级、居住地所处地震带、居住地的地震历史等基本知识的认识匮乏，只有不到 20% 的受访农户了解地震巨灾的基本知识；然而，有超过 60% 的农户感知到地震巨灾有可能会发生，且会损坏农房，说明过半的农户具有一定的风险感知水平。

在愿意投保的农户当中，72.40% 农户认为地震巨灾可能发生且

69.73%的农户认为地震巨灾损失会毁坏房屋；在不愿意投保的农户当中，93.97%的农户不知道地震震级，94.97%的农户不知道居住地的地震带分布，88.44%的农户不知道居住地的地震历史，由此说明风险感知程度和投保意愿间存在某种正向关系。

表5.3 风险感知与投保意愿的列联表

变量	选项	愿意投保		不愿投保		总计	
		样本数（个）	比例（%）	样本数（个）	比例（%）	样本数（个）	比例（%）
风险感知1	地震巨灾不可能发生	93	27.60	96	48.24	189	35.26
	地震巨灾可能发生	244	72.40	103	51.76	347	64.74
风险感知2	不知道地震震级	266	78.93	187	93.97	453	84.51
	知道地震震级	71	21.07	12	6.03	83	15.49
风险感知3	不知道居住地地震带分布	274	81.31	189	94.97	463	86.38
	知道居住地地震带分布	63	18.69	10	5.03	73	13.62
风险感知4	不知道居住地地震历史	258	76.56	176	88.44	434	80.97
	知道居住地地震历史	79	23.44	23	11.56	102	19.03
风险感知5	不认为地震巨灾会损坏房屋	102	30.27	84	42.21	186	34.70
	认为地震巨灾会损坏房屋	235	69.73	115	57.79	350	65.30

资料来源：笔者调查所得。

表5.4展示了投保经历和投保意愿之间的交叉分类关系。从中可以看出98.13%的受访农户有过投保经历，其中有两次投保经历的农户较多，占受访农户的66.60%。这两次投保经历主要指的是投保新型农村合作医疗保险和新型农村养老保险的经历，这两款保险都是政府组织、农户自愿参与的政策性保险，此外有部分农户曾经投保过车险、人身意外保险和家庭财产保险。

从表5.4中可以看出，对占绝大多数的有一次或者两次投保经历的农户而言，随着投保经历的增加，农户愿意投保的比例也在上升，由13.95%上升到78.34%，农户不愿意投保的比例从49.25%下降到46.73%，由此可以推测投保经历和投保意愿之间有一定的正相关关系。

表 5.4　　　　　　　　投保经历与投保意愿的列联表

变量	选项	愿意投保		不愿投保		总计	
		样本数（个）	比例（%）	样本数（个）	比例（%）	样本数（个）	比例（%）
投保经历	0	4	1.19	6	3.02	10	1.87
	1	47	13.95	98	49.25	145	27.05
	2	264	78.34	93	46.73	357	66.60
	3	16	4.75	2	1.01	18	3.36
	4	6	1.78	0	0	6	1.12

资料来源：笔者调查所得。

政府介入与投保意愿的关系详见表 5.5。从表中可以看出，只有 3.17% 的农户不需要政府救助，68.66% 的农户需要政府承担部分农房灾后重建费用，11.28% 的农户需要政府承担全部的农房灾后重建费用。由此可以看出 96.83% 的受访农户对政府灾后救助抱有期待。在这部分农户当中，当农户对政府的期待从需要政府部分救助增加到希望政府全部救助时，农户的投保意愿从 84.87% 下降到 11.28%，表明农户对政府灾后救助的期待与投保意愿间存在某种负向关系。

表 5.5　　　　　　　　政府介入行为与投保意愿的列联表

变量	选项	愿意投保		不愿投保		总计	
		样本数（个）	比例（%）	样本数（个）	比例（%）	样本数（个）	比例（%）
您是否能够重建因地震倒塌的房屋？	能够自己承担	13	3.86	4	0.20	17	3.17
	不能，需政府承担部分	286	84.87	82	4.12	368	68.66
	不能，需政府完全承担	38	11.28	113	5.68	151	28.17
政府发放地震应急用品	未收到	110	32.64	30	1.51	140	26.12
	收到	227	67.36	169	8.49	396	73.88

资料来源：笔者调查所得。

对于政府统一向农户发放的地震应急用品，只有 73.88% 的受访者表示收到政府发放的地震应急用品，26.12% 的农户表示未曾收到政府发放的地震应急用品。由此可见政府政策落实在"最后一公里"的时候存在问题，有可能是基层政府在与农户沟通的过程中没有说清楚发放的应急包属于地震应急用品，也有可能是农户并未收到政府发放的地震应急用品。从与投保意愿的关系来看，无论农户是否收到地震应急用品，选择投保的农户比例均高于选择不投保的农户比例，然而根据列联表看不出农户收到地震应急用品与否与投保意愿之间的明显相关关系。

（二）投保意愿与其他主观因素

影响农户投保行为的其他主观因素包括社会人口因素和农户自发减灾行为。社会人口因素又分为户主个体特征因素和农户的家庭结构因素。由表5.6可知，在样本农户当中，绝大多数受访农户的年龄在25—54岁，35—44岁的农户的比例高达35.31%。随着农户年龄段的上升，以35—44岁为界，投保意愿呈现出先升后降的特征，25—44岁的农户随着年龄的上升投保意愿不断增强，44—55岁及以上的农户，随着年龄的增大投保意愿不断下降，由此可以看出年龄在35—44岁的农户愿意投保的比例最高。

根据表5.6可得受教育年限的平均值为1.7648（标准差为0.7869），说明大部分人接受过初中水平的教育。表5.10也表明约85%的农户的受教育水平为初中及以下，其中初中占44.03%，小学及以下占41.42%。对于教育水平为小学及以下的农户来说，其愿意投保的比例低于不愿意投保的比例，对于教育水平为初中及以上的农户来说，其愿意投保的比例高于不愿意投保的比例，且随着教育水平的提高，愿意投保和不愿意投保比例之间的差距越来越大，说明教育水平和投保意愿之间存在某种正向关系。

表5.6　　　　　　　户主个体特征因素与投保意愿的列联表

变量	选项	愿意投保		不愿投保		总计	
		样本数（个）	比例（%）	样本数（个）	比例（%）	样本数（个）	比例（%）
年龄	25岁及以下	29	8.61	5	2.51	34	6.34
	25—34岁	90	26.71	29	14.57	119	22.20
	35—44岁	119	35.31	73	36.68	192	35.82
	45—54岁	67	19.88	45	22.61	112	20.90
	55岁及以上	32	9.50	47	23.62	79	14.74

续表

变量	选项	愿意投保		不愿投保		总计	
		样本数（个）	比例（%）	样本数（个）	比例（%）	样本数（个）	比例（%）
教育背景	小学及以下	97	28.78	125	62.81	222	41.42
	初中	177	52.52	59	29.65	236	44.03
	高中	47	13.95	11	5.53	58	10.82
	大学及以上	16	4.75	4	2.01	20	3.73

资料来源：笔者调查所得。

对农户家庭结构因素中的收入来说，表 5.7 为未经过对数变化处理的家庭年均收入描述统计分析结果。从表中可以看出，对所有样本农户来说，家庭年收入的平均值约为 25853 元（标准差为 16772.91），人均年收入约为 6463 元（按户均 4 口人来算）。云龙县受访农户的家庭年收入的人均平均值为 5759.45 元，低于全县 8529 元的人均年收入。漾濞县受访农户的家庭年收入的人均平均值为 7262.45 元，低于全县 9075 元的人均年收入。

表 5.7　　　　　　　　　　农户年均家庭收入特征

地区	个案数（个）	户均平均值（元）	人均平均值（元）	标准差	中位数	最小值	最大值
云龙县	285	23037.79	5759.45	12965.12	20000	2000	100000
漾濞县	251	29049.80	7262.45	19793.85	20000	2000	120000
总计	536	25853.12	6463.28	16772.91	20000	2000	120000

资料来源：笔者调查所得。

从农户的家庭人口结构来看，根据表 5.8 可知，占比最大的家庭人口数目为一家四口，其次是一家五口和一家三口，分别占受访农户总数的 41.98%、23.51% 和 17.54%，人口数在三口以下和五口以上的家庭占少数。家庭务农人口中，最为常见的是一个家庭有两位家庭成员从事农业工作，占总受访农户的 63.06%，其次是一个家庭中有三位农务家庭人员，占总受访农户的 17.72%。对于家庭外出务工的情况，75.37% 的家庭没有外出务工人员，大约25%的农户家庭中有1—3位外出务工家庭成员，总体来看，相比于没有外出务工人员的家庭，有外出务工人员的家庭的投保意愿更低。

表5.8 农户家庭特征因素与投保意愿的列联表

变量	选项	愿意投保		不愿投保		总计	
		样本数（个）	比例（%）	样本数（个）	比例（%）	样本数（个）	比例（%）
家庭人口数	1	1	0.30	0	0	1	0.19
	2	9	2.67	5	2.51	14	2.61
	3	59	17.51	35	17.59	94	17.54
	4	144	42.73	81	40.70	225	41.98
	5	75	22.26	51	25.63	126	23.51
	6	41	12.17	13	6.53	54	10.07
	7	6	1.78	9	4.52	15	2.80
	8	2	0.59	5	2.51	7	1.31
务农人口数	0	6	1.78	5	2.51	11	2.05
	1	25	7.42	23	11.56	48	8.96
	2	222	65.88	116	58.29	338	63.06
	3	55	16.32	40	20.10	95	17.72
	4	25	7.42	11	5.53	36	6.72
	5	4	1.19	3	1.51	7	1.31
	6	0	0	1	0.50	1	0.19
外出务工人数	0	261	77.45	143	71.86	404	75.37
	1	55	16.32	41	20.60	96	17.91
	2	18	5.34	9	4.52	27	5.04
	3	3	0.89	4	2.01	7	1.31
	4	0	0	1	0.50	1	0.19
	6	0	0	1	0.50	1	0.19

资料来源：笔者调查所得。

从农户的自发减灾行为来看，没有加固房屋的农户比例为61.01%，远高于采取房屋加固的农户比例38.99%，如表5.9所示。未加固房屋的农户，其愿意投保比例低于不愿意投保的比例。采取房屋加固的农户，其愿意投保的比例高于不愿意投保的比例。由此可见自发减灾行为和投保意愿之间存在某种正向相关关系。

表 5.9 　　　　　　　农户自发减灾行为与投保意愿的列联表

变量	选项	愿意投保		不愿投保		总计	
		样本数（个）	比例（%）	样本数（个）	比例（%）	样本数（个）	比例（%）
农户采取自发减灾行为——加固房屋	不加固	178	52.82	149	74.87	327	61.01
	加固	159	47.18	50	25.13	209	38.99

资料来源：笔者调查所得。

（三）投保意愿与其他客观因素

采用 Wilcoxon 符号秩和检验对两个调研地区农户投保意愿的差异性进行显著性检验，检测结果如表 5.10 所示，渐进显著性的值小于 0.05，说明两个地区存在明显差异，不能忽略地区因素。

表 5.10 　　　　　　　地区差异的 Wilcoxon 符号秩和检验

Wilcoxon 符号秩检验统计	漾濞县 – 云龙县
Z	−5.939
渐近显著性（双尾）	0.000

资料来源：笔者调查所得。

表 5.11 为地区、房屋类型与投保意愿的列联表，从表中可以看出，云龙的样本农户数略多于漾濞的样本农户数，然而愿意投保的漾濞受访农户比例高于愿意投保的云龙县受访农户比例，不愿意投保的受访农户当中，云龙县的比例高于漾濞的比例。

从房屋结构看，土搁梁属于抗震性能极差的建筑结构，土木结构属于抗震性能较差的建筑结构，砖混结构和框架结构属于抗震性能一般的建筑结构，从表 5.11 可知，只有 5.03% 的受访农户的房屋属于抗震性能一般的建筑结构，12.46% 的农房抗震性能较差，其余 82.51% 的房屋结构房抗震性能极差，由此可见试点地区的农房面临较高的地震巨灾风险威胁。对于绝大多数的房屋结构来说，随着房屋结构的抗震性能增加，愿意投保的农户比例在不断下降，不愿意投保的农户比例没有明显规律，说明房屋结构和投保意愿间可能存在一定程度的负相关。

表 5. 11 　　　　　　　地区差异、房屋类型与投保意愿的列联表

变量	选项	愿意投保		不愿投保		总计	
		样本数（个）	比例（%）	样本数（个）	比例（%）	样本数（个）	比例（%）
地区差异	云龙	151	44.80	134	67.30	285	53.17
	漾濞	186	55.20	251	32.70	251	46.83
房屋类型	土搁梁	21	6.23	20	10.05	41	7.65
	土木结构	254	75.37	126	63.32	380	70.90
	砖木结构	42	12.46	36	18.09	78	14.55
	砖混结构	14	4.15	8	4.02	22	4.10
	框架结构	3	0.89	2	1.01	5	0.93
	其他结构	3	0.89	7	3.52	10	1.87

资料来源：笔者调查所得。

二　农户投保意愿影响因素的回归分析

（一）数据的同源方差检验

由于自评问卷容易出现同源方差（Common Method Variance，CMV）的问题，故此需要进行同源方差检验。同源方差是由测量方法的使用而产生的系统偏差。由于开展问卷调查的两个农房地震保险试点地区均采用同一份问卷，问卷得分可能会受受访农户自身某种因素的影响，造成相关膨胀，导致出现同源方差。检验同源方差的最直接方法是 Harman 单因子检验法。采用主成分分析方法提取因子，结果如表 5.12 所示，首个主成分的方差解释率为 17.43%，低于 40%，且初始特征值大于 1 的主成分有 7 个，说明问卷数据不存在同源方差。

（二）正态性检验与模型选择

采用投保意愿作为农户投保行为的衡量指标，投保意愿是一个二分的 0—1 因变量。"0"表示不愿意投保农房地震保险，"1"表示愿意投保农房地震保险。二分变量的非线性回归一般采用 Logit 和 Probit 建模，两个模型均采用极大似然方法估计，且两个模型的系数没有直接的经济意义，

表 5.12　　　　　　　　**Harman 单因子检验法中的总方差解释表**

成分	初始特征值			提取载荷平方和		
	总计	方差百分比（%）	累积百分比（%）	总计	方差百分比（%）	累积百分比（%）
1	3.14	17.43	17.43	3.14	17.43	17.43
2	2.25	12.49	29.92	2.25	12.49	29.92
3	1.76	9.80	39.72	1.76	9.80	39.72
4	1.42	7.89	47.61	1.42	7.89	47.61
5	1.31	7.26	54.86	1.31	7.26	54.86
6	1.22	6.77	61.63	1.22	6.77	61.63
7	1.11	6.14	67.77	1.11	6.14	67.77
8	0.92	5.14	72.91			
9	0.72	4.01	76.92			
10	0.68	3.78	80.70			
11	0.58	3.23	83.92			
12	0.55	3.05	86.98			
13	0.49	2.74	89.72			
14	0.48	2.67	92.38			
15	0.43	2.39	94.77			
16	0.41	2.28	97.06			
17	0.29	1.61	98.66			
18	0.24	1.34	100			

资料来源：笔者自行整理。

均用于解释事件发生的概率，对于很多数据来说，很难辨别两个模型的区别所在，故此模型选择主要取决于分析者的偏好（Frees，2009）。若投保意愿的样本数据符合正态分布，则可以使用累积 Probit 模型建模；若不符合正态分布，则使用累积 Logit 模型建模。表 5.13 为投保意愿的正态分布检验表，从表中可以看出，Shapiro - Wilk 检验的显著性 $p < 0.05$，说明投保意愿的样本数据不满足正态分布，由于 Logistic 回归模型不要求样本数据满足正态分布，故此采用 Logit 模型建模，检验自变量对因变量的影响，考察农户投保行为的影响因素。

表 5.13 样本数据的正态分布检验

	Kolmogorov – Smirnov			Shapiro – Wilk		
	统计	自由度	显著性	统计	自由度	显著性
WTI	0.41	536.00	0.00	0.61	536.00	0.00

资料来源：笔者自行整理。

在 Logit 模型中，用 L_i 表示因变量 Logit 值，X_i 表示可能的影响因素，P 为农户采取投保行为（$WTI = 1$）的概率，β_0 为常数项，β_i 为 Logit 回归模型的估计系数，OR（Odds Ratio）为机会比率，dP/dX_i 表示概率的边际效应。

（三）投保意愿影响因素的单因素 Logistic 回归分析

由于地区因素是所有影响因素中唯一的无序分类变量，故在 Logistic 回归分析中，对地区变量进行哑变量处理，将其标记为分类变量，其中漾濞（region = 1）作为参考类别。在将所有因子一同纳入行 Logistic 模型之前，先进行单因素的 Logistic 回归分析，探索每个因子与投保意愿之间的相互关系，回归结果如表 5.14 所示。

表 5.14 基于单因素 Logistic 回归的影响估计

自变量	β	S. E.	Wald	Sig.	OR	95% C. I. for OR		$\hat{P}$	dP/dX
						Lower	Upper		
地区差异（1）	-0.93	0.19	24.92	0.00	0.39	0.27	0.57	0.28	-0.19
房屋类型	-0.17	0.11	2.68	0.10	0.84	0.69	1.03	0.46	-0.04
年龄	-0.46	0.09	29.23	0.00	0.63	0.53	0.75	0.39	-0.11
教育水平	0.93	0.14	42.67	0.00	2.54	1.92	3.36	0.72	0.19
家庭收入	1.95	0.35	31.45	0.00	7.05	3.56	13.95	0.88	0.21
家庭人口数	-0.07	0.08	0.81	0.37	0.93	0.80	1.09	0.48	-0.02
家庭务农人数	0.04	0.11	0.12	0.73	1.04	0.84	1.28	0.51	0.01
家庭外出务工人数	-0.22	0.13	3.08	0.08	0.80	0.62	1.03	0.44	-0.06
自我加固房屋	0.98	0.20	24.82	0.00	2.66	1.81	3.91	0.73	0.19
风险感知1	0.89	0.19	22.86	0.00	2.45	1.69	3.53	0.71	0.18
风险感知2	1.43	0.33	19.07	0.00	4.16	2.19	7.89	0.81	0.22
风险感知3	1.47	0.35	17.29	0.00	4.35	2.17	8.69	0.81	0.22

续表

自变量	β	S. E.	Wald	Sig.	OR	95% C. I. for OR		$\hat{P}$	dP/dX
						Lower	Upper		
风险感知 4	0.85	0.26	11.04	0.00	2.34	1.42	3.87	0.70	0.18
风险感知 5	0.52	0.19	7.82	0.01	1.68	1.17	2.42	0.63	0.12
投保经历	1.53	0.19	66.45	0.00	4.63	3.20	6.69	0.82	0.22
政府灾后救助	-2.12	0.21	98.02	0.00	0.12	0.08	0.18	0.11	-0.20
政府发放应急用品	-1.00	0.23	19.12	0.00	0.37	0.23	0.57	0.27	-0.20

资料来源：笔者自行整理。

从表 5.14 可以看出，在其他客观因素中，地区差异能够对投保意愿产生显著影响，且与投保意愿之间为负相关关系，这与描述统计的结果一致。地区差异因素中，云龙县受访农户的投保意愿比漾濞县受访农户低 19%。房屋类型对投保意愿的影响在 0.1 的显著性水平显著，说明房屋类型越好，则投保意愿越低，农户的房屋结构类型每降低一个档次，则农户的投保意愿降低 4%。

在其他主观因素当中，家庭人口数和家庭务农人口数对投保意愿没有显著影响，而年龄、教育、家庭收入、家庭外出务工人数和农户是否采取自我减灾行为均能够分别对投保意愿产生显著影响。年龄与投保意愿之间为负相关关系，这与描述统计的结果一致，每上升一个年龄阶段则农户的投保意愿下降 11%。农户的受教育水平与投保意愿之间的正相关关系与描述统计结果相吻合，从表中可以看出，教育水平每上升一个层次则农户的投保意愿增加 19%。对于收入来说，收入的常用对数值每变动一个单位，则投保意愿上升 21%。表中关于外出务工人数与投保意愿的关系与描述统计的结果一致，外出务工人数每增加 1 人，农户的投保意愿下降 6%。采取自我减灾行为的农户其投保意愿比不采取房屋加固等自我减灾行为的农户高出 19%。

农户投保决策相关的每个影响因素都分别与投保意愿显著相关，这与描述统计的结果相一致。农户对地震等级、居住地所处地震带、居住地地震历史等基本知识以及农户对地震巨灾发生及其危害的感知都对投保意愿有显著的正向影响。相对于农户不能感知到风险，农户能够感知到任何一个风险感知指标都会使投保意愿增加 12%—22%。农户的投保经历能够促进农户的投保意愿，投保经历每增加一次，则农户的投保意愿可以增加22%。政府的灾后直接救助以及发放应急用品都会对投保意愿产生负面影响，政府的每一项介入都会使投保意愿下降20%。

（四）投保意愿影响因素的多因素 Logistic 回归分析

在进行多因素 Logistic 回归分析时，将可能的影响因素分三次逐渐加入模型当中，回归结果如表 5.15 所示，由于篇幅所限，表中仅列出各影响因素对农户投保意愿的边际效应。

表 5.15 基于多因素 Logistic 回归的影响估计

自变量	模型 A		模型 B		模型 C	
	dP/dX	S. E.	dP/dX	S. E.	dP/dX	S. E.
常数项	0.22 ***	0.28	-0.01 ***	1.88	-0.01 ***	2.33
地区差异（1）	-0.19 ***	0.19	-0.17 ***	0.21	-0.08	0.28
房屋类型	-0.04	0.11	-0.06 **	0.13	-0.04	0.15
年龄			-0.06 **	0.10	-0.07 ***	0.12
教育水平			0.15 ***	0.16	0.09 *	0.19
家庭收入			0.22 ***	0.42	0.22 **	0.50
家庭人口数			0.02	0.12	0.02	0.14
家庭务农人数			-0.02	0.15	-0.01	0.18
家庭外出务工人数			-0.13 ***	0.19	-0.17 ***	0.22
自我加固房屋			0.19 ***	0.22	0.05	0.27
风险感知 1					0.20 ***	0.28
风险感知 2					0.17	0.60
风险感知 3					-0.08	0.63
风险感知 4					0.15 *	0.40
风险感知 5					0.18 ***	0.28
投保经历					0.21 ***	0.24
政府灾后救助					-0.22 ***	0.27
政府发放应急用品					-0.16 **	0.30
对数似然值	679.32		576.66		457.35	
Omnibus 检验显著性	27.80 ***		130.46 ***		249.77 ***	

续表

自变量	模型 A		模型 B		模型 C	
	dP/dX	S. E.	dP/dX	S. E.	dP/dX	S. E.
Hosmer & Lemeshow 检验显著性	5.07 (0.17)		19.63 (0.01)		8.77 (0.36)	
预测准确率	62.50%		75.90%		81.30%	

注：＊＊＊、＊＊和＊分别代表在 0.01、0.05 和 0.1 的显著水平上显著；Hosmer & Lemeshow 检验栏括号中的数值为检验统计量的显著水平，显著水平大于 0.05 说明拟合效果较好，且显著性越高说明模型拟合优度越高。

资料来源：笔者自行整理。

模型 A 对其他客观因素对投保意愿的影响进行 Logistic 回归，结果表明地区差异是显著影响投保意愿的因素，这与描述统计和单因素 Logistic 回归分析的结果相一致。而房屋结构类型与投保意愿的影响不显著，这与单因素回归分析的结果相违背。模型 B 中增加了农户的社会人口因素和农户的自发减灾行为两个主观因素，结果表明在模型 A 中不显著的房屋类型在模型 B 中显著相关，年龄、教育、家庭收入、家庭外出务工人数以及农户自我加固房屋等因素与投保意愿显著相关，与单因素的 Logistic 回归结果一致。模型 C 中增加了投保决策过程相关的因素，在该模型中风险感知 1、风险感知 4、风险感知 5、投保经历、政府灾后救助和政府发放应急用品对投保意愿有显著影响，与单因素 Logistic 回归相比，原来显著的地区差异、房屋类型以及风险感知 2、3 变得不显著了。

对于 Logistic 回归模型来说，模型的拟合度可以通过对数似然值、Omnibus 检验统计量、Hosmer & Lemeshow 检验统计量以及预测准确率来评价。在三个模型中，模型 C 的对数自然值最小，故此模型 C 的拟合效果最好。三个模型的 Omnibus 统计检验的显著水平都小于 0.05，说明三个模型都是有意义的。对于 Hosmer & Lemeshow 统计量来说，其显著水平大于 0.05 则说明模型拟合效果较好，模型 B 的拟合效果不佳，相对于模型 A 来说，模型 C 的拟合优度最高。从模型预测的准确率来看，模型 C 的预测准确率最高。综上所述，模型 C 为三个模型中拟合效果最好的模型，再加上描述统计和单因素 Logistic 回归的目的在于为多因素 Logistic

回归做参考，故选择模型 C 作为最终分析影响因素的模型。从模型 C 中可以得到农房地震保险投保意愿的显著影响因素，如图 5.3 所示。

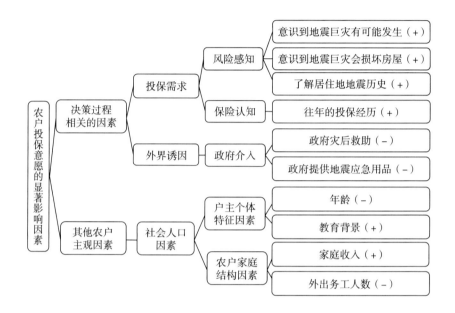

图 5.3　农户投保意愿的显著影响因素

资料来源：笔者自行整理。

（五）投保意愿影响因素回归模型比较分析

在描述统计分析、单因素 Logistic 回归分析以及模型 C 中均不显著的变量为家庭人口数、家庭务农人数，说明这两个因素对于投保意愿来说不是有意义的影响因素，假设 H_{5b} 和 H_{5c} 不成立。在描述统计分析和单因素 Logistic 回归分析中显著，而在模型 C 中不再显著的影响因素包括：地区差异、房屋类型、自我加固房屋、风险感知 2 和风险感知 3，由此说明假设 H_6、假设 H_7、假设 H_8、假设 H_{1b} 以及假设 H_{1c} 不成立。可能的原因是这五个因素与投保意愿存在间接相关或者存在某种假关。由于这五个因素与另外的影响因素有强烈相关性，另外的因素与因变量强相关导致这五个因素与因变量也表现出强相关。也有可能是通过多因素 Logistic 回归分析，调整了这五个因素与其他与之有强关联的因素之间的影响，使得这五个因素的关联消失了。不显著关系也有可能是变量间存在共线性问题，共线性可能是由于模型包含的变量太多而引起的。由于一些变量只占样本很小的一个子集，故此可以忽略不显著变量以简化模型（Frees，2009）。

在单因素 Logistic 回归和多因素 Logistic 回归中均显著的因素为：年龄、教育水平、家庭收入、家庭外出务工人数、风险感知1、风险感知4、风险感知5、投保经历、政府灾后补助以及政府发放应急用品，本书以这十个显著影响投保意愿的因素作为分析重点。

风险感知变量1、变量4和变量5是投保决策过程相关因素中的风险感知指标，风险感知指标和农房地震保险之间存在显著的正相关关系，这与描述统计结果一致，表明假设 H_{1a}、H_{1d} 和 H_{1e} 成立。了解居住地地震历史等地震基本知识的农户比不了解的农户的投保意愿高 15%，感知到地震巨灾可能发生的农户比感知不到的农户的投保意愿高出 20%，感知到地震巨灾可能造成损坏房屋的农户比感知不到的农户的投保意愿高 18%，即地震巨灾风险感知能力越强的农户越倾向于采取农房地震保险投保行为。

对于决策过程相关的过往投保经历来说，实证结果表明投保经历和农房地震保险的投保意愿之间存在正向相关关系，这与描述统计分析的结果相一致，验证了假设 H_2 成立。根据模型 C 可知，农户的投保经历每增加 1 次，则农户的投保意愿增加 21%。

对于投保决策过程中政府介入的两个指标，政府灾后补贴和政府提供地震应急包和农房地震保险的支付意愿显著负相关，这与描述统计结果相一致，均表明政府的灾后救助会减少农户投保农房地震保险的意愿，假设 H_{3a}、H_{3b} 成立。由模型 C 可以看出，政府以灾后救助和政府发放应急用品的方式介入都会让农户对农房地震保险的投保意愿分别下降 22% 和 16%。

从主观因素来看，农户个体特征因素中的年龄、受教育水平、家庭收入以及家庭结构特征中的外出务工人数与投保意愿显著相关，且与描述统计的结果相一致，说明假设 H_{4a}、H_{4b}、H_{5a}、H_{5d} 成立。年龄与投保意愿之间为负向相关，农户的年龄每上升一个阶段，则投保意愿减少 7%。农户的教育水平每上一个层次，则投保意愿提升 9%。家庭收入对投保意愿的影响较大，家庭收入的增加能够提高农户的投保行为。根据模型 C，收入的常用对数值 log（FamilyIncome）每变动一个单位，则投保意愿增加 22%。家庭外出务工人数对投保意愿的影响为负向的，家庭外出务工人数每增加 1 人，则农户的投保意愿下降 17%。

第三节　对实证结果的进一步讨论

通过对农户投保意愿的实证分析可知，农户投保意愿受到投保决策过程因素和其他农户主观因素的影响，其他客观因素对农户投保意愿的影响不显著。此处对各影响因素与农户投保意愿间的相互关系及作用机制做进一步导论。

一　投保决策过程因素与农户投保意愿的关系

农户投保决策过程中的风险感知、投保经历、政府介入因素与农户的投保意愿显著相关。风险感知和农户投保意愿间的正向相关可通过行为金融学中的认知可得性偏差、心理的模糊厌恶与熟悉偏好来解释。农户对居住地地震历史以及地震危害性等地震风险背景知识的了解程度越高，则农户的地震巨灾风险感知水平越高，农户更愿意投保农房地震保险。此外，预期未来会有强度更大、频率更高的地震发生的农户更倾向于投保农房地震保险。该结论与 Botzen 等（2012）和 Tian 等（2014）以及邓湘博（2018）的研究结论一致，认为风险感知能够对农房地震保险的投保意愿产生正面影响。

投保经历和农房地震保险的投保意愿之间还存在显著相关的正向关系，该结论与过往关于投保经历与保险需求的研究结果一致（Botzen et al.，2012；Oral et al.，2015；Wang et al.，2012）。农户投保经历主要来自政策性的保险产品，这些购买的良好经历形成了农户对政策性保险的启发式认知偏差，农户倾向于根据自身经验做决策，故农户过往的投保经历能够对农房地震保险的投保决策产生积极正面的影响。然而，在调研中也发现很多人从未听说过农房地震保险。原因可能是政策性农房地震保险完全由政府与共保体运作，没有农户作为个体行为人的实际参与。政府完全支付了农房地震保险的保费，地震发生后，则将保险赔付用于灾后救助。由于政府和农户之间缺乏有效沟通，农户所能接收到的信息仅仅是政府的灾后救助，却对农房地震保险本身所知甚少。此外，有部分农户曾经对部分农业保险有过不愉快经历，可能是经营这些保险产品的机构存在道德风险或者是保险公司本身的运作效率低下所导致的。政府灾后救助对农户形成的框定效应，以及农户不好的投保经历对农户的认知形成以点带面的非贝叶斯法则偏差，对农户的投保意愿产生消极影响。然而这些不愉快经历无法抵消农户过往较好的投保经历，以及从政策性保险中所获得的益处。事实上，政策性保险的积极影响和部分不愉快投保经历的消极影响之间的悖论，为提高农户的参保率提供了一个解决方法，即通过提高农户的保险认知水平促进农户的投保行为。

然而，政府灾后救助和政府发放地震应急用品两种政府介入行为均与农户投保意愿之间存在显著负向关系。政府救助与地震保险投保意愿之间的负相关关系在 Wang 等（2012）、Tian 等（2015）和 Sauter 等（2016）的研究结论中均有体现。该负相关关系可以由行为金融学中的框定偏差解释。地震多发区农户主要依靠政府应对地震巨灾风险，再加上政府救灾在农村被广泛宣传，农户形成了依赖政府救助的消极思维模式，农户认知上的框定偏差使得农户不愿意尝试保险等其他应对地震巨灾风险的方式。先前的受助经历导致农户在主动采取防灾减灾行为方面形成负面态度（Oral et al.，2015）。

二　其他主观因素与农户投保意愿的关系

户主年龄、教育水平、家庭收入等户主个体因素，以及外出打工人数、家庭收入等家庭人口结构因素，对农户的投保意愿有显著影响。从户主的个体特征因素来看，年龄和农房地震保险投保意愿之间存在显著的负向关系。这表明年轻人更愿意接受农房地震保险，这与 Botzen 等（2009）和 Tian 等（2014）以及邓湘博（2018）的研究结果一致，与 Grothmann 等（2006）的结论相矛盾。根据行为金融学理论中的可得性认知偏差，以及心理上的模糊厌恶和熟悉偏差，越高龄的农户自身积累的经验越多，更倾向于选择自身熟悉的风险应对方式，对于新兴的农房地震保险可能不愿意尝试。年轻人更愿意去体验新鲜事物，这就拓展了年轻人投保农房地震保险的承受力。

此外，户主的受教育水平和农户的投保意愿之间存在正向相关关系。教育水平越高的农户越愿意投保农房地震保险，这与 Tian 等（2014）和祝伟、陈秉正（2015）及邓湘博（2018）的研究一致。在我国城乡经济二元化的大背景下，随着农户受教育水平的提高，越能对新兴事物持开放态度，纠正农户对农房地震保险的认知偏差以及对政府救助所持的框定偏差，促进农户采取投保行为。

从农户的家庭结构因素来看，家庭收入和投保意愿之间存在显著的正向相关关系，这与以往文献研究结论相同（Abbas et al.，2015；Tian et al.，2015；邓湘博，2018；昆雷泽等，2011）。收入能够对投保意愿产生显著正向影响。家庭收入越高的居民，能够有更多的预算用于非刚性需求的农房地震保险，为农户进行投保提供较好的经济基础。

家庭外出务工人数和农户的投保行为之间也为正相关关系，和已有研究相比，分析家庭外出务工人数和农房地震保险投保意愿之间的关系是本书的创新点之一。因为云南地处边疆，试点地区的农户处于地震多发的山区，经济欠发达，在家务农不能满足家庭的经济开支，农村居民为了生计而离开家乡，到经济较为发达的地区打工，这已经成为当地的一个特色。本章研究表明家庭外出务工人和农户的投保意愿之间存在负向相关的关系。原因在于农户可能存在过度自信的心理偏差，外出务工家庭积累的财富相对高于在家务农家庭的收入，外出务工人数多的农户倾向于依靠自身力量而非投保农房地震保险以面对地震巨灾。此外，外出务工人数越多的家庭，拥有更高的风险自留承受能力，更倾向于通过储蓄而非保险以面对地震巨灾风险（Farrin et al.，2016）。故外出务工人数越多的家庭越不愿意投保农房地震保险。通过分析对农户投保意愿造成显著影响的因素，可以为农房地震保险的推广提供建设性的意见和建议。

三　其他客观因素与农户投保意愿的关系

根据 Botzen 等（2009）和 Tian 等（2014）的研究可知，房屋结构和保险投保意愿之间存在负相关关系；此外还有一些研究认为农户采取加固房屋等自我减灾行为以及地区差异也会对投保意愿产生影响（田玲、屠娟，2014；祝伟、陈秉正，2015）。然而，本书房屋结构、地区差异、农户对地震等级和地震带分布的风险认知、家庭劳动人口数以及家庭务农人口数等因素对农户的投保意愿的影响均不显著。这恰好说明了从行为金融学角度研究投保行为的重要性，当考虑非理性因素的时候，研究结果会随着研究对象的主观差异而变化。尤其在实证研究中，农户投保意愿受到自身因素和客观环境因素的双重影响，再加上地震巨灾风险的不确定性，农户的风险偏好表现出异质性，行为决策也呈现出非一致性。此外，正如 Gaillard（2007）和 Hosseini 等（2013）所言，由于地区、文化差异的客观存在，研究结论可能会因研究地点的不同而存在差异。

第四节　本章小结

基于消费者行为理论下的投保意愿分析框架，结合行为金融学理论，分析了农户投保行为中投保意愿的内部作用机制。

在理论模型构建部分，首先，基于行为金融学理论建立农户投保意愿的理论模型假设。农户受自身认知和心理因素的影响，农户无法做到完全理性，再加上保险市场中存在的众多不确定性因素，农户无法做出理性假设下的最优投保决策。因此，本章借助行为金融学理论，分析有限理性假设下的农户投保行为。其次，基于消费者行为理论，筛选农户投保意愿的三类可能影响因素，分别是投保决策过程相关因素、其他主观因素和其他客观因素。最后，阐述了开展实地调研的研究设计，包括调研地点选择、变量赋值、问卷设计等内容。

在实证分析部分，首先对投保意愿与三类影响因素的关系做了描述统计分析。其次，通过数据检验选择 Logit 模型建立投保意愿与影响因素之间的回归模型。对投保意愿影响因素的单因素和多因素 Logistic 回归分析表明：在投保决策过程相关因素中，风险感知、保险认知与投保意愿显著正相关，而政府灾后救助和政府发放地震应急用品两种政府介入行为均与投保意愿显著负相关。在农户的主观因素中，教育水平和家庭收入能正向影响农户的投保意愿，而外出打工人数、户主年龄对农户的投保意愿有负向影响。但房屋结构、地区差异、家庭劳动人口数以及家庭务农人口数等因素对农户的投保意愿的影响均不显著。最后，结合行为金融学理论，进一步阐释了农户有限理性假设下，影响因素对农户投保意愿的作用机制。在实证结果中，关于风险感知、保险认知、政府介入、年龄、收入、教育等显著影响因子的作用机制与已有文献的研究结论相一致。而外出打工人数属于当地的本土化因素，在其他文献中鲜有涉及。但是房屋结构、自我减灾行为等其他文献认为显著的影响因素，在本书中并不显著，这说明考虑农户的有限理性时，由于农户的投保行为受自身主观因素、客观不确定决策环境因素的双重影响，农户的风险偏好表现出异质性，投保行为决策也呈现出非一致性，这就导致研究结果随着研究对象的不同而存在差异。总之，本章的研究结果也印证了分区域研究农房地震保险农户投保行为的合理性。

第六章 农户投保行为的内部作用机制分析

——基于支付意愿的视角

根据内外维度分析框架可知，内部作用机制包括：相关因素对农户投保行为的影响机制，以及通过应缴保费和愿缴保费反映出来的支付意愿价格机制。上一章已经对农户投保意愿的内部作用机制做了实证分析，与上一章相呼应，本章落脚于投保行为的另外一方面——农户的支付意愿，以不确定性行为决策理论为基础，结合云南地震巨灾损失数据，对支付意愿的内部作用机制进行实证分析。首先，由于支付意愿的价格机制可以通过比较应缴保费和愿缴保费来体现，因此，第一节基于公平精算保费原理，对农户的应缴保费进行测算。其次，第二节基于前景理论，测算了农户的愿缴保费。最后，第三节在前两节的基础上，通过对比农户的应缴保费和愿缴保费，探究农户支付意愿的价格机制。

第一节 农户应缴保费的实证分析

一 保费厘定的文献与理论回顾

支付意愿中农户应缴保费的测算需要用到公平精算保费的方法。以下从损失拟合、费率厘定以及风险区划方面阐述公平精算保费厘定的相关研究及理论模型。

（一）公平精算保费厘定的文献回顾

1. 公平精算保险费率厘定

近年来，众多专家学者对地震巨灾保险的定价问题进行了深入研究。由于房屋建筑是受地震巨灾风险威胁最严重的承灾体，因此除针对人身风险的人身保险费率厘定之外，可以说，地震巨灾保险的定价问题就是房屋保费的厘定问题。农房地震保险的费率厘定方法包括传统非寿险精算定价方法、指数保险定价方法,以及基于工程地震风险评估的保费厘定方法。

传统非寿险精算定价的原理为:根据保险过程的风险补偿原则,认为保险赔付取决于风险损失,其核心在于根据地震巨灾风险损失的拟合分布计算保费规模。当保险的期望值等于成本时,保险公司实现盈亏平衡,这样的保费被称为公平精算保费(斯凯博,1999)或公平费率(范里安,2008)。

常用的拟合地震巨灾风险损失金额的分布函数为对数正态、威布尔分布以及伽马分布,而泊松分布和负二项分布是拟合地震巨灾风险损失次数较为常见的分布。然而这些传统估计方法对地震巨灾风险厚尾性的刻画不如极值理论的效果好。且极值理论具有超越样本数据的估计能力,能在样本数量较为有限的情况下,得出总体分布的极值变化性质。

极值理论的分析方法包括:Jenkinson(1955)提出的广义极值分布(Generalized Extreme Value Distribution,GEV),以及基于广义帕累托分布(Generalized Pareto Distribution,GPD)的超越阈值方法(Peak Over Threshold,POT),简称 GPD – POT 模型。其中,POT – GPD 因为较适于拟合厚尾数据,且该模型不需要对总体分布做出假设,拟合结果不容易受到极端值缺失的影响,故在地震巨灾风险拟合中使用较为广泛。例如郝军章、崔玉杰(2016)和耿贵珍、王慧彦(2016)均使用 GPD – POT 模型拟合我国的地震巨灾风险。此外,王翔等(2015)和李幸(2015)基于 GPD – POT 模型拟合了云南地震巨灾损失分布,并对农房地震保险进行费率厘定。

2. 其他费率厘定方法

另外两种定价方法为指数保险定价方法和基于评估工程地震风险进行保险费率厘定的定价方法。地震巨灾指数保险通过震级等影响因子,建立地震损失指数、触发条件和赔付方案(Skees,2008)。国内地震巨灾保险指数的研究较少,且多为定性研究(李曼等,2019)。目前开展的地震巨灾指数保险都是以震级为主要的触发指数。然而,单纯以震级为触发指数,无法完全刻画地震巨灾损失(刘沐泽,2015)。此外,地震灾害影响的空间分布差异,导致地震巨灾指数保险存在基差风险[①]。不仅如

---

① 基差风险指指数保险的触发指数选取与实际损失的关联性间的偏差,指数保险的赔付与个别损失无关,导致实际损失与保险赔付之间存在差异。

此，刘昕龙等（2017）指出地震巨灾指数保险存在由投保人个体差异、投保标的差异造成的基差风险，显然，地震巨灾指数保险更适用于团体保险和统保保险。再加之，到目前为止，地震巨灾指数保险的触发指数选取主要取决于专家、学者的主观经验判断，对最优触发指数的设计尚未形成定论。

此外还有学者基于工程地震风险评估方法进行保险费率厘定。陶正如、陶夏新（2004）和李永强、李年生（2017）根据地震危险性分析和建筑物易损性分析，建立地震巨灾风险模型并进行费率厘定。该方法具有较强的理论优势，能够将评估口径具体到某个区域的某种类型的建筑物上，然而模型预测能力、建筑物易损性数据的细致性和准确性等问题还有待解决（李曼等，2019）。

3. 地震巨灾风险区划指数研究

为提高地震巨灾保险费率厘定的准确性，减少地区差异性，学者提出构建风险区划指数的概念。Seko（2019）认为在统一费率制度下，容易出现低风险地区补贴高风险地区的现象，然而，通过能够反映地区差异的公平费率体系，可将地震保险投保率提高 3.7%。具体来说，卓志、段胜（2013）建议在地震巨灾指数保险中构建风险区域化分类。田玲、姚鹏（2013b）依据特征周期进行全国性的风险区划，并根据风险区划计算保险费率；与之相类似，王翔等（2015）结合特征周期，对云南各州市进行风险区划，并依此测算各风险区域的保费。

4. 文献评述

从农房地震保险的费率厘定研究来看，公平精算保费厘定方法、地震巨灾指数定价方法以及基于工程地震风险评估的地震巨灾保险定价方法均有各自的优势和不足之处。对基于工程地震风险评估的地震巨灾保险定价方法来说，能够将评估口径细化到某种类型的建筑物，然而对工程地震风险评估的专业知识以及建筑物易损性数据的要求较高，显然，该方法适合更加微观、细致的保费测算。而本书费率厘定的范围为云南农房地震保险试点地区，若具体到县区一级，并按照建筑物类型测算，则工作量较大且难以得到试点地区的统一费率，并增加了后文农户投保行为分析的难度，故此未采用该方法进行费率厘定。

对地震巨灾指数保险来说，其触发指数选取具有主观性，且存在地区差异造成的基差风险，再加上投保人差异和投保标的差异，会加重基差风险，由此指数保险的费率厘定方法更适合统保险种，不适合个人投保的险种。由于本章的落脚点是农户的投保行为，因此未选择指数保险定价方法，而是选择公平精算费率厘定方法厘定费率。

在公平精算保费厘定中，GPD – POT 是较为合适的地震巨灾风险拟合模型。GPD – POT 模型能够基于历史损失数据，较好地拟合地震巨灾风险的厚尾性，且相比于指数保险，该费率厘定方法更具客观性。再加之，本书考虑了地震巨灾风险区划指数，弥补了该方法单纯依靠数据进行分布拟合的不足之处。

（二）公平精算保费厘定的理论基础

1. 地震损失拟合理论

本书进行地震损失拟合时，主要采用的是基于传统保险精算费率厘定的公平精算费率厘定方法。为更好地拟合地震巨灾损失的厚尾性，采用 GPD – POT 理论进行地震损失拟合。

POT 模型是由 Pickands（1975）在极值理论的基础上引入的。POT 模型认为有一个充分大的阈值，所有大于阈值的样本数据即为 POT 模型的观测样本，该观测样本的渐进分布符合 GPD 分布。

假设 x_1，x_2，$\cdots$，x_n 为地震巨灾损失的样本数据，n 为样本数据的总个数。阈值用 μ 表示，x_1，x_2，$\cdots$，x_{N_μ} 表示超过阈值的观测样本，N_μ 为超过阈值的观测样本总个数。GPD 渐进分布用 $F(x)$ 表示。随后，定义变量 $y_j = x_j - \mu$，y_j 为超过阈值的量，其中 $j = 1$，1，$\cdots$，N_u。超过阈值的量的分布函数为：

$$F(y) = P(x - \mu \leq y \mid x > \mu) = \frac{F(x) - F(\mu)}{1 - F(\mu)} \tag{6-1}$$

由于超过阈值的量的渐进分布为 GPD 分布，GPD 的分布表示为：

$$G(y \mid \xi, \beta) = \begin{cases} 1 - \left(1 + \dfrac{\xi}{\beta}y\right)^{-\frac{1}{\xi}}, & \xi \neq 0 \\ 1 - e^{-y/\beta}, & \xi = 0 \end{cases} \tag{6-2}$$

其中当 GPD 是厚尾分布时，当 $\xi \geq 0$，根据经验分别估计可得 $F(\mu) = \dfrac{n - N_\mu}{n}$，再结合式（6 – 1）和式（6 – 2），整理得到 GPD – POT 的分布函数为：

$$F(x) = 1 - \frac{N_\mu}{n}\left(1 + \frac{\xi(x - \mu)}{\beta}\right)^{\frac{-1}{\xi}}, \quad x > \mu \tag{6-3}$$

使用 GPD – POT 模型进行拟合分析时其中首要的关键步骤是选取阈值，阀值通常用 μ 来表示。通常参照平均寿命残差图、平均超越函数图和 Hill 图等图形并按照一定的筛选规则选取阈值。平均超越函数表示为：

$$e_{N_\mu}(\mu) = E(x - \mu \mid x > \mu) = \frac{1}{N_\mu} \sum_{j=1}^{N_\mu} (x_{(j)} - u) \qquad (6-4)$$

超过阈值的观测样本按大小排列得到顺序统计量 $x_{(j)}$，且 $x_{(1)} \leqslant x_{(2)} \leqslant \cdots \leqslant x_{(N_\mu)}$。阈值 μ 为平均超越函数图的横轴，$e_{N_\mu}(\mu)$ 为超过阈值的均值函数，对应平均超越函数图的纵轴。

使用 Hill 图确定阈值需要计算 Hill 统计量，Hill 统计量的定义为：

$$\hat{\alpha} = \left(\frac{1}{k} \sum_{i=1}^{k} \ln \frac{x_j}{x_{k+1}} \right), x_i > x_{k+1} \qquad (6-5)$$

其中 $x_{(1)} > x_{(2)} > \cdots > x_{(N_\mu)}$ 为超过阈值的降序样本统计量，x_i 表示第 i 个降序样本统计量。临界样本的序号为 k，该起始点的样本次序统计量记为 x_k。$Hill$ 图的纵坐标为 $Hill$ 统计量 $\hat{\alpha}$，横坐标为 k。Hill 图像稳定区域的起点对应的次序统计量 x_k 即为阈值。通常来说，无法通过肉眼准确判断起点，故还需结合区间筛选算法确定阈值 μ。对损失分布拟合优度的检验最常用的是 K – S 检验统计量。此外，还可以借助 GPD – POT 模型的相关概率图来判断分布的拟合优度。

2. 年度损失次数分布拟合理论

拟合地震巨灾年度损失次数的常用分布为泊松分布和负二项分布。泊松分布用公式表示为：

$$p_k = \frac{e^{-\lambda} \lambda^k}{k!}, \quad k = 1, 2, 3, \cdots \qquad (6-6)$$

其中 k 为损失发生次数，p_k 表示 k 次损失发生的概率，泊松分布的均值等于方差，即 $E(N) = Var(N) = \lambda$。用来表示损失次数的另外一个常用分布为负二项分布，假设损失次数 N 服从参数为 r 和 β 的负二项分布，则发生 k 次损失的概率 p_k 为：

$$p_k = \frac{\Gamma(k+r)}{\Gamma(r)} \left(\frac{1}{1+\beta} \right)^r \left(\frac{\beta}{1+\beta} \right)^k, \quad k = 0, 1, 2, \cdots \qquad (6-7)$$

3. 年度累积损失拟合理论

地震巨灾年度累积损失属于集体风险模型，集体风险年度损失次数用随机变量 N 表示，第 j 次的损失金额用随机变量 x_j 表示，由于每次损

失 X 属于独立同分布，损失次数 N 与损失金额 X 也属于独立同分布，故此地震巨灾年度累积损失为：

$$S = X_1 + X_2 + X_j + \cdots + X_N, \quad j = 1, 2, \cdots, N \tag{6-8}$$

S 是随机和，表示一年的总损失。年度损失次数 N 的分布被称为索赔频率分布，每次损失额度 X 称为索赔强度分布，S 的分布被称作复合分布，表示为：

$$F_S(x) = P(S \leqslant x) = \sum_{k=0}^{\infty} P(S \leqslant x \mid N = k) p_k = \sum_{k=0}^{\infty} F_X^{*k}(x) P_k \tag{6-9}$$

其中，$p_k = P(N = k)$ 表示频率分布，$F_X(x)$ 是强度分布，$F_X^{*k}(x)$ 表示强度分布的 k 重卷积。年度地震巨灾累积损失的均值 $E(S) = E(N)E(X)$，方差 $Var(S) = E(N)Var(X) + Var(N)(E(X))^2$。由于复合分布的计算较为复杂，一般的保险精算模型无法求出其表达式，但可通过软件进行保费规模测算。

4. 保险费率厘定理论

基于年度累积损失拟合分布，选用 VaR 进行保费厘定。通过 VaR 方法，基于历史数据，计算一定置信水平下的最大可能损失，并以此作为保费厘定的基础。VaR 度量的是一定置信水平 p 之下，资产水平在未来可能发生的最大损失：

$$VaR(x, p) = inf\{x: P(S > x) \leqslant p\} = F_x^{-1}(p) \tag{6-10}$$

5. 地震巨灾风险区划理论

地震巨灾风险区划与地震巨灾保险费率厘定结合，可以实现风险区域间保费的差异化处理，实行公平费率，减少统一保费制度造成的逆向选择，提高各地区的参保率。我国地震巨灾风险区划的研究以中国地震动参数区划图①为主要代表。地震动峰值加速度和特征周期是表征地震动②的两个参数。地震动参数图考虑了地震危险性、房屋的抗倒塌性，是进行地震巨灾风险区划不可或缺的指标。为刻画地震巨灾的复杂性，除

---

① 地震动参数区划图是以地震烈度或地震动参数为指标，按照一定时期内各区域可能遭受地震危险的程度，结合抗震设防需求以及当前技术水平而编制的抗震设防区域图件和相关规定制定。

中华人民共和国国家质量监督检验检疫总局、中国国家标准化管理委员会：《GB 18306—2015 中国地震动参数区划图》，http：//www.gb18306.cn/，2016 年 8 月 2 日。

② 基本地震动指相应于 50 年超越概率为 10% 的地震动，即 474 年一遇的地震。

地震动参数区划图之外，还需要综合考虑其他指标。具体而言，较常见的风险区划综合考虑了地震巨灾的致灾因子、承灾体、孕灾环境以及防灾减灾能力（郗蒙浩等，2016）。随后，刘丽（2006）从灾害危险性、经济和社会易损性、灾害风险防御能力三方面考虑风险区划。借鉴已有研究，结合云南实际情况和所能获取的数据，进行地震巨灾风险区划分析。

二 理论模型的构建

（一）研究假设

测算云南农房地震保险试点农户的应缴保费就是给农房地震保险进行费率厘定。依据公平精算保费费率厘定方法，进行农房地震保险试点的保费规模测算，得到农户的最低应缴保费，与后文的农户愿缴保费形成对比。

需要说明的是，由于现行农房地震保险各试点方案不尽相同，保费厘定方法不一，为方便对支付意愿的价格机制进行定量分析，提出综合了各试点方案优势、理论上的农房地震保险。该保险的投保人为农户，农户可自愿选择是否投保，保险标的为包含室内外财产在内的农房综合损失，保险责任为地震巨灾风险。为保证计算结果具有实际意义，且减少计算复杂性，此处对研究假设作如下限定：

1. 云南农房地震保险试点地区保险覆盖率为100%

在测算保费规模时，假设试点地区保险覆盖率为100%。原因在于，一方面，从保险的实施方式来看，云南农房地震保险试点为适度强制的政策性保险，目的在于让农房地震保险覆盖整个试点区域，故此假设试点地区保险覆盖率为100%；另一方面，从风险区划看，现行试点均处于特征周期区划图的0.45s区（见表4.1），在全省风险相对较高的区域实行农房地震保险全面覆盖，具有一定现实意义。

2. 采用未考虑免赔额和赔付限额的传统纯保费定价方法

依据公平精算保费原则，采用传统非寿险费率厘定方法进行农房地震保险费率厘定[①]。地震保险费率厘定中建立损失模型时常用的随机变量是年度地震损失金额，这在李云仙、孟生旺（2019）和王翔等（2015）等学者的文章中都有体现。财产保险进行费率厘定时涉及免赔额和赔偿

---

① 传统非寿险精算定价方法就是根据历史损失数据和其他相关经验建立损失模型，再根据损失模型对未来的保险成本进行预测（孟生旺等，2015）。

限额的概念，到目前为止，对最优农房保险免赔额和赔偿限额的设定仍存在争议，再加上本书计算的是最低额度的农户应缴保费，因此考虑采用无免赔额和无赔付限额的传统纯保费定价方法。

3. 仅考虑农房综合损失费率厘定

从承灾体的分析可知，地震巨灾对农户影响最大的就是生命安全和农房综合损失。由于关乎生命安全的人身保险费率厘定在损失拟合、损毁规律等方面完全不同于农房综合损失费率厘定，需要单独研究。此外，农房地震保险的保险标的仅为农房综合损失，不包括人身安全，故此暂不考虑人身保险的费率厘定，主要针对农房综合损失进行保费规模测算。

4. 假设云南农房地震保险的赔付率为 21.43%

本书基于地震巨灾损失数据进行保费厘定，巨灾损失数据的评估既包括保险标的使用价值也包括再增加的社会财富，而农房地震保险补偿的是保险标的农房及室内外财产损失的使用价值，故此不能直接按照巨灾损失定价，而是需要依据保险赔付金额进行定价（孙玉华，2016）。根据瑞士再保险 Sigma 的报告①，2017 年全球范围内的自然灾害相关经济损失为 3300 亿美元，保险损失约为 1440 亿美元，全球自然灾害相关的巨灾保险赔付率为 43.64%，按 10 年移动平均值计算，从 1991 年至 2017 年，保险赔付增长率为 5.4%。在亚洲，2017 年的自然灾害损失为 312 亿美元，保险损失为 50 亿美元，亚洲自然灾害相关的保险赔付率为 16.03%。由于云南农房地震保险的赔付率未知，故此采用亚洲 2018 年的保险赔付率 21.43%（16.03% 与 5.4% 相加所得）作为云南农房地震保险的赔付率。

（二）研究思路

首先，收集较为完整的历年地震巨灾损失事件数据。由于收集到的数据，尤其是地震造成的直接经济损失数据是根据历年的物价水平整理的，为消除通货膨胀对年度数据可比性的影响，需要选定基数，对数据进行物价调整。其次，根据地震巨灾直接经济损失建立损失模型。田玲、姚鹏（2013b）将地震损失建模的方法归纳为两种，一种是先对每次地震损失建模，再对损失次数建模，最后将两者结合得到年度损失模型；另外一种方

---

① 瑞士再保险研究院：《2017 年的自然灾害与人为灾难：损失创纪录的一年》，Sigma，http://www.swissre.com/sigma/，2018 年 7 月 19 日。

法是针对每年地震造成的总损失进行建模。总共收集到 78 条经济损失数据，若按年度分只有 27 条年度经济损失数据。由于年度数据数量较少，采用第一种建模方式，即先对 1990—2018 年共 78 条损失数据建模，再对 27 条年度地震频数建模，最后结合二者得到年度累积损失模型。

第一，在不同分布函数假设下对地震巨灾损失数据进行分布拟合。采用 POT – GDP 模型对地震损失数据进行拟合，并且选用对数正态、威布尔分布以及伽马分布作为对照组。GPD – POT 模型不仅对样本数据的尾部拟合较好，且具有超越样本数据的估计能力，较适合于样本数量较少时的尾部拟合。并采用 K – S 检验选择最优的损失分布拟合函数。

第二，与损失建模相类似，基于泊松分布和负二项分布对年度地震损失频数进行拟合。随后，同样采用 K – S 统计量方法选择最优的损失拟合分布。

第三，采用随机模拟的方法，计算年度累积损失分布函数。年度累积总损失的均值等价于年度平均损失频数与每次平均损失的乘积。由于累积损失分布的计算较为复杂，因此使用随机模拟方法，拟合由地震巨灾损失 POT – GPD 模型和年度地震频数模型构成的年度地震巨灾累积损失复合模型。

第四，运用 VaR 模型测算每次地震巨灾的最大可能损失。最大风险损失与保险赔付率的乘积即为农房地震保险的最大赔付金额。随后依据最大赔付金额进行农房地震保险费率厘定。首先，根据已有样本数据拟合分布，再根据蒙特卡洛模拟方法，生成足够多的数据计算不同置信水平下的 VaR 值。其次，根据赔付率假设，最大风险损失与保险赔付率相乘即可得到农房地震保险的最大可能赔付金额，以此作为全省的地震次均保费规模。

第五，计算云南省各州市和各风险区域的地震巨灾风险区划指数，并根据该指数测算各风险区域、各试点地区的农户最低应缴保费规模。由于假定试点地区保险的覆盖率为100%，故此用农户户均保费来反映最终的保险价格。

（三）数据来源与数据处理

1. 数据来源

使用的数据主要分为两部分：一部分数据为 1992—2018 年共 100 次的云南省地震巨灾事件（地震烈度≥Ⅵ度，震级≥4.9 级）。涵盖了每次地震的概况、基本参数、人员伤亡情况、直接经济损失情况等数据，另外一部分数据为云南省历年的消费者价格指数（CPI）数据。

采用省级数据能够尽可能地缩小地区差异造成的孕灾环境和承灾体的差异性。由于研究对象为地震巨灾风险，且历年云南地震灾害损失评估针对的是破坏性地震（地震烈度在Ⅵ度及以上），故此数据筛选时只留下了地震烈度为Ⅵ度及以上的云南省地震巨灾事件。此外，我国的地震保险工作开始于20世纪50年代，云南省地震灾害损失评估工作开始于1992年（周光全等，2003），此前由于统计不规范，导致数据不全，故此选取了1992—2018年的地震巨灾事件作为样本数据。从收集到的数据可以看出，地震烈度不低于Ⅵ度的地震中，其震级都在4.9级及以上，在100次破坏性地震中，只有两次地震震级为4.9级，其他98次地震的震级都在5.0级及以上。

云南省地震巨灾损失数据主要来自云南省地震灾害损失评定委员会等（2012）编撰的《1992—2010云南地震灾害损失评估及研究》、云南省地震局提供的2011—2018年《云南地震灾害损失评估报告》、中国地震台网等网站提供的数据，缺失的数据参考了和嘉吉等（2015）文章中提供的2014年12月6日景谷5.8级、5.9级地震的直接经济总损失数据。

云南省历年CPI数据主要来源于国家统计数据。云南省各州市的人均GDP、人口密度等数据主要来源于云南省统计局官网的2018年《云南统计年鉴》。各州市的地震动反应谱加速度特征周期值来源于第五代中国地震动参数区划图（GB18308—2015）。云南省各州市不同建筑类型的住房面积数据来源于王和、王平（2013）《中国地震保险研究》中的云南省居民住房分布统计数据。

2. 数据处理

所选样本的直接经济损失是参照当年物价水平估定的，而时间序列数据会受到通货膨胀的影响，直接引用会影响费率厘定结果的准确性，为消除通货膨胀对物价水平的影响，使得数据具有可比性，需要对数据进行基数处理。不同学者选用了不同的物价调整指标进行基数处理，例如田玲、姚鹏（2013b）选用历年物价指数（CPI）作为调整指标，许闲、张涵博（2013）使用固定资产投资价格指数作为价格调整指标，李云仙等（2017）和李云仙、孟生旺（2019）选用国内生产总值（GDP）作为地震直接经济损失的调整指标。由于和物价直接相关的是CPI，故此选用

CPI 进行购买力平价处理，使用 2018 年的 CPI 作为基准年进行调整，样本数据见表6.1。

表6.1　　1992—2018 年云南地震巨灾民房综合损失及云南年度 CPI

序号	发震时间		民房综合损失		CPI	序号	发震时间		民房综合损失		CPI
	年份	月/日	（万元）	（%）			年份	月/日	（万元）	（%）	
1	1992	4/23	1964	42	108.9	28		3/12	4454	80	
2		12/18	1027	80		29		4/10	43021	85	
3		1/27	5664	82		30		5/24	3247	55	
4		2/1	720	63		31	2001	6/8	3349	92	99.1
5	1993	5/30	899	75	121.3	32		7/10	1659	86	
6		7/17	2069	99		33		7/15	3042	81	
7		8/14	1291	42		34		9/4	2960	79	
8	1994	1/11	2528	97	119.2	35		10/27	27592	67	
9		9/19	709	47		36		7/21	43730	74	
10		2/18	539	74		37	2003	10/16	18140	44	101.2
11	1995	4/25	451	41	121.3	38		11/15	11290	59	
12		6/30	14721	72		39		11/26	6230	67	
13		10/24	49552	67		40		8/10	19320	60	
14		2/3	247907	81		41	2004	10/19	10670	49	106
15	1996	7/2	2133	98	108.7	42		12/26	1885	46	
16		9/25	1434	47		43		1/26	2750	52	
17		1/25	1198	77		44	2005	8/5	6980	67	101.4
18	1997	1/30	3595	68	104.3	45		8/13	5090	55	
19		10/23	2315	87		46		1/12	9090	82	
20		10/2	6938	73		47	2006	7/22	17190	72	101.9
21	1998	11/19	25869	59	101.7	48		8/25	14560	72	
22		12/1	7477	71		49		6/3	105600	56	
23	1999	11/25	6182	82	99.7	50	2007	6/23	3329	67	105.9
24		1/15	85539	84		51		3/21	4179	64	
25	2000	1/27	8205	83	97.9	52	2008	5/12	117350	70	105.7
26		8/21	5936	77		53		8/20	88438	68	
27		10/6	4660	92		54		8/30	69980	59	

续表

序号	发震时间		民房综合损失		CPI	序号	发震时间		民房综合损失		CPI
	年份	月/日	（万元）	（%）			年份	月/日	（万元）	（%）	
55	2008	12/26	12076	67	105.7	67		4/5	30995	70	102.4
56	2009	7/9	136230	63	100.4	68		5/24	116380	65	102.4
57		11/2	16130	66		69	2014	8/3	1204170	51	102.4
58	2010	2/25	24450	69	103.7	70		8/17	18601	61	102.4
59		3/10	143228	60	104.9	71		10/7	292745	57	102.4
60	2011	6/20	21398	77	104.9	72		12/6	136324	57	102.4
61		8/9	10427	70	104.9	73		3/1	56316	67	101.9
62	2012	6/24	34836	45	102.7	74	2015	10/30	17044	70	101.9
63		9/7	252860	59	102.7	75	2016	5/18	9833	73	101.5
64		3/3	49617	70	103.1	76	2017	3/27	14125	82	100.9
65	2013	4/17	14551	70	103.1	77		8/13	42662	86	101.6
66		8/31	89995	62	103.1	78	2018	9/8	97165	75	101.6

资料来源：根据云南地震灾害损失评估报告、国家统计数据计算和整理而得。

三　农户应缴保费规模测算

（一）损失数据拟合分析

1. 损失数据厚尾性检验

对根据 CPI 调整之后的 78 条民房综合损失数据作初步的描述统计分析，其基本统计量如表 6.2 所示。由于对称分布的偏度为 0，而样本数据的偏度为 6.14，说明样本损失数据存在较高程度的右偏，不属于对称分布。对于标准正态分布来说，峰度值为 3，而样本峰度为 43.3，说明样本数据表现出较为明显的尖顶峰度。此外，最大值为 1276771 与最小值 781

表 6.2　　　　　　　　样本数据描述统计分析

统计变量	统计值	统计变量	统计值
最大值	1276771	中位数	14757
最小值	781	偏度	6.14
均值	60956.47	峰度	43.3
标准误差	157190.6	观测值	78

资料来源：笔者自行整理。

存在较大差距，均值与中位数的差距较大，且标准误差较大，说明样本数据具有过离散性且存在极端值，具有明显的尖峰厚尾的特征。

除了从直观描述统计变了可以看出样本数据具有厚尾性，并采用频率直方图和概率密度曲线、指数 QQ 图以及平均超越函数图，对样本数据进行厚尾性检验。样本损失数据的频率直方图和概率密度曲线见图 6.1，从图中可以看出样本损失数据具有较长的厚尾性。图 6.2 给出了样本损失数据的指数 QQ 图，图中的样本数据点在某一阈值之后呈现向上凸起的趋势，说明样本数据存在厚尾性。从图 6.2 中的平均超越函数图可以看出，样本数据呈现出向上的线性走势，再一次印证了样本数据的厚尾性，适合采用 GPD – POT 模型。

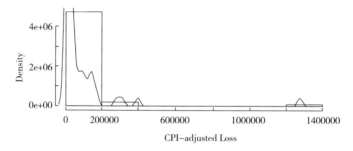

图 6.1　样本数据频率直方图与概率密度曲线图

资料来源：笔者自行整理。

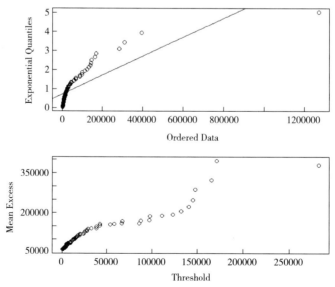

图 6.2　样本数据指数 QQ 图（上）和平均超越函数图（下）

资料来源：笔者自行整理。

2. GPD – POT 模型阈值选择

使用 GPD – POT 模型对样本数据进行拟合的首要步骤是对阈值的选取，阈值用统计量 μ 表示。阈值选择通常参照平均残差寿命图（mean residual life plot）、平均超越函数图和 Hill 图，并按照一定的筛选规则进行选取。从样本损失数据的平均残差寿命图（见图 6.3）和平均超越函数图（见图 6.2）可以看出，平均残差寿命函数值和平均超越函数在超过某一阈值之后有明显向上倾斜的倾向，再次说明样本数据具有厚尾性质，在此阈值之后的样本数据符合 GPD 分布。

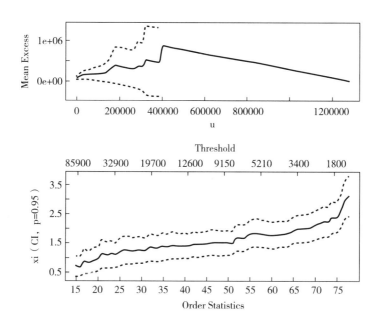

图 6.3　样本数据平均残差寿命图（上）和 Hill 图（下）

资料来源：笔者自行整理。

主要使用 Hill 图（见图 6.3）来确定阈值，形状参数在某个起始点之后趋于相对稳定区域，该起始点的次序统计量（Order Statistics）即为 GPD – POT 模型的阈值 μ，记为 x_k。从图中可以看出，图像开始平稳的起始点区域在 k 的（15，51）区间内，然而无法准确判断该起始点，故此采用区间筛选算法确定阈值 μ。具体做法为：首先，将 k 的（15，51）区间内对应的次序统计量 x_k 逐个设为 GPD 分布的阈值 μ_k；其次，对不同阈值下的 GPD 分布进行估计，得到每个 μ_k 对应的 GPD 分布的形状参数估计 $\hat{\xi}$ 和尺度参数估计 $\hat{\beta}$；最后，根据 $K-S$ 统计量对各个阈值下的分布拟合优度进行检验，选择 p 值最大的分布为最优拟合分布，其对应的 μ_k 即为最终的阈值 μ。

3. GPD – POT 模型分布拟合

依据极大似然方法估计不同阈值 μ_k 下模型的形状参数估计 $\hat{\xi}$，以及尺度参数估计 $\hat{\beta}$，即获得基于 POT 模型的 GPD 分布，通过对 $K-S$ 检验中 p 值的比较，当 $k=15$ 时 GPD 获得最大的 p 值 0.8771，对应的阈值 μ 为 4418，形状参数 $\hat{\xi}$ 的值为 1.0052，尺度参数 $\hat{\beta}$ 的值为 17525.6327，超出阈值 μ 的样本点个数 $N_\mu = 63$。将以上参数代入 $GPD-POT$ 的分布函数式（6 – 3）中，可以得到地震巨灾民房综合损失的拟合分布函数：

$$F(x) = 1 - 0.8077\left(1 + \frac{1.0052(x - 4418)}{17525.6327}\right)^{-1/1.0052}, \quad x > 4418 \quad (6-11)$$

4. GPD – POT 模型拟合优度检验

为了检验 GPD – POT 模型的拟合优度，假设地震巨灾损失数据符合常用的地震巨灾损失拟合分布：对数正态分布（Lognormal）、威布尔分布（Weibull）和伽马分布（Gamma）。采用 Rstudio 对各个分布进行拟合并根据 $K-S$ 检验对各分布的拟合优度进行排序。从表 6.3 可以看出，GPD 的拟合效果是最优的。

表 6.3   损失数据拟合分布的 $K-S$ 检验

拟合分布	D 统计量	P 统计量	排序
GPD	0.064829	0.8771	1
Lognormal	0.065446	0.8701	2
Weibull	0.10894	0.2912	3
Gamma	0.16669	0.0231	4

资料来源：笔者自行整理。

为进一步检验 GPD – POT 模型的拟合优度，给出了 GPD – POT 模型的超出分布拟合图、残差图、残差 QQ 图和尾部拟合图（见图 6.4）。从图中可以看出，概率图上的点基本与拟合曲线相吻合，除了对角线右上方的点有少许偏离，说明 GPD – POT 模型对样本数据的拟合效果较好，同时说明阈值的选取较为合适。

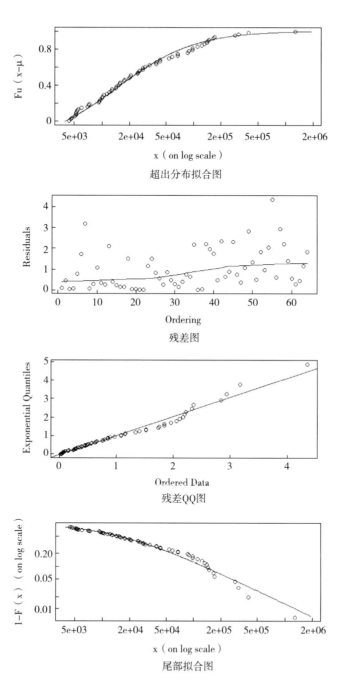

超出分布拟合图

残差图

残差QQ图

尾部拟合图

图 6.4 GPD – POT 模型拟合优度检验图

资料来源：笔者自行整理。

（二）年度累积损失建模

1. 年度损失次数的分布函数拟合

为选择最合适的年度损失次数拟合模型，分别使用泊松分布和负二项分布对年度损失次数进行拟合，并对其进行 K-S 检验，拟合分布检验结果如表6.4所示。从表中可以看出，泊松分布的 P 统计量值为 0.2542 远远大于负二项分布的 0.0472，因此泊松分布更适合于拟合年度损失次数样本数据。

表6.4 年度损失次数拟合分布的 K-S 检验

拟合分布	D 统计量	P 统计量	排序
Poisson	0.18928	0.2542	1
Negative Binominal Probability	0.2634	0.0472	2

资料来源：笔者自行整理。

通过 Rstudio 拟合泊松分布，可知泊松分布的拟合值 $\lambda = 2.8889$。根据泊松分布的分布函数式（6-6）可以得到年度损失次数 N 服从参数为 λ 的泊松分布，发生 k 次损失的概率为：

$$p_k = \frac{e^{-2.8889}2.8889^k}{k!}, \ k = 1, \ 2, \ 3, \ \cdots \quad (6-12)$$

2. 年度累积损失建模

从上文可以看出，每次地震巨灾风险损失金额符合 GPD-POT 分布，年度损失次数符合泊松分布，根据地震巨灾年度累积损失模型式（6-8）、式（6-9）可以得到年度地震巨灾累积损失的复合分布。由于模型较为复杂，无法求出年度累积损失的显式，然而通过软件运算，并不影响保费的测算。

对年度累积损失进行随机模拟的步骤为：首先，建立关于年度累积损失 L 的模型，该模型取决于年度损失次数 N 的分布（相当于索赔频率分布）和每次损失金额 X 的分布（相当于索赔强度分布），相应的索赔频率分布为泊松分布，索赔强度分布为 GPD-TOP 分布；其次，生成年度损失次数 N 和每次损失金额 X 的伪随机数 x_i 和 n_i，根据上一步中的索赔强度和索赔频率的分布，通过随机模拟 10000 次，可以计算得到 S_i；再次，根据伪随机数 S_1, S_2, S_3, $\cdots$, S_n 确定其经验分布 $F_S(x)$，再用 F_S

(x)近似年度累积损失 S 的分布；最后，根据 $F_S(x)$ 的分布可计算得出年度累积损失 S 的均值、方差、最大值、最小值和分位数等基本统计量，如表6.5所示。其中最小值为0，是因为在样本数据中，2002年未发生破坏性地震，未造成任何地震巨灾损失。年度累积损失分布模拟结果如图6.5所示。

表6.5 　年度累积损失模拟结果统计特征　单位：万元

最小值	1/4 分位数	中值	均值	3/4 分位数	最大值
0	37478.17	99719.06	691149.62	255533.86	825365193.83

资料来源：笔者自行整理。

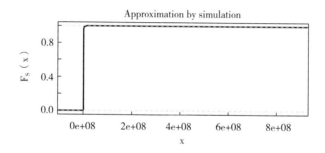

图6.5　年度累积损失分布模拟结果

资料来源：笔者自行整理。

（三）农户应缴保费规模测算

1. 云南民房综合经济损失测度

为了计算不同置信水平之下的 VaR 值，需要通过随机模拟的方法获得足够多的仿真数据，以得到年度累积损失的最大边界。在保险中，VaR 值表示在一定置信水平 p 下，可能的地震巨灾年度累积最大索赔额度，由于未考虑免赔额和赔付限额，故此本书中可能的最大农房综合损失，再乘以赔付率就是云南农房地震保险需要测算的保费规模。

由于地震巨灾年度累积损失的分布不存在显式，故无法根据式（6-10）计算出 VaR 的具体表达式。故在估计的年度累积损失模型的基础上，随机模拟 10000 次年度累积损失值的复合分布。调用 actuar 包中的 VaR.aggregateDist 函数，计算不同置信水平（用 p 表示）之下的 VaR 值

（见表 6.6），此处计算的 VaR 值为不同置信水平下全省民房经济总损失的最大额度，以此为基础进行云南农房地震保险试点保费规模的计算。

表 6.6 地震巨灾风险损失的 VaR 值测度

置信度	80%	85%	90%	95%	99%	99.5%
VaR（万元）	318061.1	410367.4	589886.2	1154426.5	6498368.2	12511749.0

资料来源：笔者自行整理。

从表中可以看出，99.5% 置信水平（0.5% 的风险容忍度，200 年一遇的地震巨灾）下的 VaR 值为 1251.2 亿元，而 99% 置信水平下的 VaR 值为 649.8 亿元，风险容忍度的较小差异造成了保费规模的巨大差异，印证了地震巨灾风险的巨额损失往往是由小概率事件引起的。

2. 风险区划指数计算

在进行云南农房地震保险费率厘定之前，需要计算各个州市的风险区划指数。原因在于云南省各州市的地震巨灾风险存在较大差异，西南地区较东部地区面临更高的地震巨灾风险，云南省的省情决定其较适合采用公平保费制度。通过计算风险区划指数，实现风险区域间保费的差异化处理，减少统一保费制度造成的低风险地区投保人补贴高风险地区投保人的现象，提高各个地区农户的参保率。

结合史培军（1996）系统灾害学理论以及刘丽（2006）的灾害风险区划模型对云南省的地震巨灾风险进行区划分析。进行风险区划分析的各指标的属性、单位不同，需先对各个指标进行归一化处理，使指标取值在 [0，1] 区间内。地震巨灾风险的区划指数 Z_i 取决于地震灾害危险度指数 H_i、承灾体的脆弱性指数 V_i 以及地震巨灾的防御指数 P_i，其中 $Z_i = \dfrac{H_i V_i}{P_i}$，$i$ 表示不同的风险区域。

采用第五代中国地震动参数区划图的特征周期值 C_i（见表 6.7）作为衡量地震危险性的指标之一，此外综合考虑 1992—2018 年的云南省年度地震频数 F_i 以及年度平均震级 M_i，三者的乘积即为地震巨灾的危险性程度。其中，怒江傈僳族自治州在此期间并未发生地震，故此其危险度为 0，该时间段内无地震发生不代表该地区不会发生地震，只是说明该地区在 1992—2018 年发生地震巨灾的危险性为零，其危险性会随着时间的推移而变化。通过计算可知危险度的取值在 0—49.3，为使地震危险度的取值控制在 [0，1] 区间内，取最大值 49.3 作为限值，对地震危险度进行归一化处理，得到地震危险性指数 H_i，$H_i = \dfrac{C_i F_i M_i}{49.3}$，$0 \leqslant H_i \leqslant 1$。

承灾体的脆弱性一般分为经济脆弱性和社会脆弱性，承灾体的脆弱性指数 V_i 由经济脆弱性指数 V_i^E 和社会脆弱性指数 V_i^S 计算得出。经济脆弱性指数 V_i^E 一般使用 GDP 和固定资产投资来衡量，由于 2018 年《云南统计年鉴》[①] 中的固定资产投资并未包含农户，再加上人均 GDP 是较 GDP 更能反映出地区经济脆弱性的指标，因此用人均 GDP 衡量经济脆弱性。另外一个可以反映房屋和室内财产的指标是人均可支配收入，然而云南省的统计年鉴中只记录了农村居民的人均可支配收入数据，缺乏城市居民的人均可支配收入，故未将人均可支配收入指标纳入到经济脆弱性的考虑当中。社会脆弱性指数 V_i^S 采用人口密度 D_i 来衡量，人口密度越大的地区，受地震巨灾的影响就越大。然而地震巨灾风险的脆弱性与社会脆弱性和经济脆弱性之间不是简单的线性关系，它们之间存在一开始快速增长，之后增长速度逐渐减缓的幂函数关系（刘丽，2006）。云南省各州市人口密度的取值为 17.3—314.3 人/平方千米，为使社会脆弱性指数 V_i^S 的取值控制在 [0，1] 区间内，取最大值 314.3 作为限值，对社会脆弱性指数 V_i^S 进行归一化处理。同理，从 2018 年《云南统计年鉴》中得到的人均 GDP 取值范围为 141.50 亿—4857.64 亿元，为使指标取值在 [0，1] 区间内，取最大值 4857.64 亿元为限值对经济脆弱性指数 V_i^E 进行归一化处理，其中承灾体的脆弱性指数 $V_i = \left(\dfrac{V_i^S + V_i^E}{2} \right)^{\frac{1}{2}}$，社会脆弱性指数 $V_i^S = \dfrac{M_i}{314.3}$，$0 \leqslant V_i^S \leqslant 1$，经济脆弱性指数 $V_i^E = \dfrac{E_i}{4857.64}$，$0 \leqslant V_i^E \leqslant 1$。

借鉴王和、王平（2013）的云南省居民住房分布统计数据，使用非简易房的占比作为地震巨灾风险防御指数的衡量标准。非简易房指的是抗震性能较好的 A 类建筑以及抗震性能一般的 B 类建筑，简易房是指抗震性能较差的 C 类建筑和抗震性能极差的 D 类建筑，故此 A、B 类建筑

---

① 《云南统计年鉴 2018 年》，http：//www.stats.yn.gov.cn/tjsj/tjnj/201812/t20181206_823753.html，2018 年 12 月 6 日。

面积占四类住房面积的比例 R_i，即为地震巨灾风险防御指数 P_i，$P_i = R_i$，$0 \leqslant P_i \leqslant 1$。至此可计算出云南省各州市的地震巨灾危险度指数 H_i 和防御能力指数 P_i，结果见表6.7。

表6.7　　　　　　　云南地震巨灾风险危险度与防御指数

地区	特征周期 C_i	平均震级 M_i	地震频数 F_i	危险性指数 H_i	非简易房占比 R_i	防御能力指数 P_i
昆明	0.45	6.1	1	0.06	28%	0.28
曲靖	0.45	5.2	2	0.09	15%	0.15
玉溪	0.45	5.1	4	0.18	25%	0.25
保山	0.45	5.5	8	0.40	18%	0.18
昭通	0.45	5.6	12	0.61	14%	0.14
丽江	0.45	5.6	14	0.71	14%	0.14
普洱	0.45	5.8	19	1.00	18%	0.18
临沧	0.45	5.8	6	0.32	15%	0.15
楚雄	0.45	5.6	16	0.82	17%	0.17
红河	0.45	5.6	1	0.05	18%	0.18
西双版纳	0.45	5.9	7	0.37	24%	0.24
大理	0.45	5.1	5	0.23	15%	0.15
德宏	0.45	5.6	9	0.46	18%	0.18
怒江	0.4	0.0	0	0.00	17%	0.17
迪庆	0.4	5.8	2	0.09	18%	0.18
文山	0.35	5.4	2	0.08	15%	0.15

资料来源：根据《云南地震灾害损失评估及研究（1992—2010）》、《云南地震灾害损失评估报告》第五代中国地震动参数区划图（GB18308—2015）、2018年《云南统计年鉴》计算和整理而得。

同理可以计算得出云南省各州市的经济脆弱性指数 V_i^E、社会脆弱性指数 V_i^S，并依此得出脆弱性指数 V_i 以及各州市的地震巨灾风险区划指数 Z_i，结果见表6.8。

表 6.8 云南地震巨灾风险脆弱性指数与风险区划指数

地区	GDP（亿元）E_i	经济脆弱性指数 V_i^E	人口密度（人/平方千米）D_i	社会脆弱性指数 V_i^S	脆弱性指数 V_i	区划指数 Z_i
昆明	4857.64	1.00	314.3	1.00	1.00	0.199
曲靖	1941.12	0.40	205.1	0.65	0.73	0.447
玉溪	1415.14	0.29	155.8	0.50	0.63	0.472
保山	678.95	0.14	133.1	0.42	0.53	1.173
昭通	832.45	0.17	240.5	0.77	0.68	2.919
丽江	339.48	0.07	60.8	0.19	0.36	1.796
普洱	624.59	0.13	57.9	0.18	0.40	2.198
临沧	604.06	0.12	103.2	0.33	0.48	0.989
楚雄	937.37	0.19	63.3	0.20	0.44	2.169
红河	1478.57	0.30	143.1	0.46	0.62	0.178
西双版纳	393.84	0.08	59.9	0.19	0.37	0.577
大理	1066.55	0.22	121.7	0.39	0.55	0.836
德宏	356.97	0.07	113.5	0.36	0.47	1.221
怒江	141.50	0.03	37.2	0.12	0.27	0.000
迪庆	198.65	0.04	17.3	0.06	0.22	0.114
文山	809.11	0.17	112.8	0.36	0.51	0.267

资料来源：根据 2018 年《云南统计年鉴》、云南省各州市地震巨灾风险危险度与防御指数计算和整理而得。

通过加总各风险区域内的州市风险区划指数（见表 4.1 和表 6.8），可以得到云南省三个风险区域的区划指数和，通过归一化处理后，可以得到各风险区域的风险区划指数和权重，该权重是计算各风险区域内保费规模的依据，结果见表 6.9。

表 6.9 云南风险区域的保费规模权重

风险区域	涵盖州市	保费规模权重	农户数（万户）
一区	昆明市、曲靖市、玉溪市、保山市、昭通市、丽江市、普洱市、临沧市、楚雄市、红河州、西双版纳、大理州、德宏州	0.976	670.56
二区	怒江州、迪庆州	0.007	18.91
三区	文山州	0.017	63.29

资料来源：笔者自行整理。

风险区域的农户总数可由各州市的农户数量加总得到①。其中风险区域二区的保费权重反而低于三区，原因在于怒江州在1992—2018年未发生任何一次地震烈度在Ⅵ度及以上的地震，而文山州在此期间发生了一次5.3级地震和一次5.5级地震，因此导致二区的风险区划总指数较低，最终导致其风险区域的区划指数权重较低，即保费规模较低。然而，由于处于风险区域二区的怒江州和迪庆州的农户总数远低于三区文山州的农户总数，所以其最终的农村户均保费仍高于三区的农村户均保费，正如表6.10所示，在置信水平为85%时，二区的户均保费18.3元高于三区的户均保费12.9元。

3. 云南农房地震保险试点应缴保费厘定

根据表6.6中的VaR值可得到全省民房综合损失，由于不考虑免赔额、赔付限额以及附加保费，此处的全省民房综合损失总额乘以赔付率即为投保人应缴纳的保费总额，以此为依据计算出全省民房综合损失的人均保费，之后计算得出农房综合损失的总保费规模。到2017年年底农户总数占全省总户数的比例为54%②，说明云南省农房综合损失占全省民房综合损失的54%。再根据假设的该保险赔付率21.43%，计算出全省农房综合损失的总保费规模。此后，根据表6.9给出的保费规模权重，可以得到各风险区域的保费规模（见表6.10）。

表6.10　　　　　　　云南风险区域的农房地震保险保费规模　　　　单位：万元

置信度	80%	85%	90%	95%	99%	99.5%
农房综合损失	171451.9	221209.9	317980.1	622297.3	3502966.3	6744498.5
云南省总保费规模	36734.7	47395.6	68129.3	133331.2	750533.0	1445052.0
一区总保费规模	35835.2	46235.1	66461.1	130066.5	732155.7	893.3
二区总保费规模	268.1	345.9	497.2	973.1	5477.8	10546.8
三区总保费规模	631.4	3801.9	5465.1	10695.5	60205.7	115918.1

资料来源：笔者自行整理。

---

① 数据来源：《2018年云南统计年鉴》，http://www.stats.yn.gov.cn/tjsj/tjnj/201812/t20181206_823753.html，2018年12月6日。

② 数据来源：《2018年云南统计年鉴》，http://www.stats.yn.gov.cn/tjsj/tjnj/201812/t20181206_823753.html，2018年12月6日。

此外，根据表6.9中每个风险区域的农户总数可以得到每个风险区域内的农村户均保费，见表6.11。从表中可以看出，随着置信水平的增加，风险容忍度的降低，保费呈指数增长。这表明地震巨灾风险具有厚尾性，置信水平的小幅度变化会导致户均保费的较大变化。风险区域的保费由一区到三区逐渐降低，说明地区地震巨灾风险越大，需要缴纳的保费越多，体现了公平保费的原则。在不考虑政府补贴的情况下，表6.11的户均保费是基于农户完全承担保费、全省覆盖的假设计算得到的。到目前为止，地震巨灾保险中各行为主体对地震巨灾损失的承担额度，目前尚未形成定论，例如田玲、姚鹏（2013a）认为投保人承担10%的风险是较为合理的。此外孙玉华（2016）认为置信水平的选取主要取决于行为主体的风险态度，一般选择90%—99.9%。选择90%置信度下的VaR值作为最大可能损失，此时投保农户的风险容忍度为10%，即意味着投保农户能够接受的最大损失发生的概率为10%，农户能够接受平均每10年发生一次的巨灾风险。在90%的置信水平下，位于风险区域一区农户需缴纳的保费为99.1元，二区农户需缴纳26.3元，三区农户需缴纳18.5元。

表6.11　　　　　　　云南风险区域的农村户均保费　　　　　　单位：元

置信度	80%	85%	90%	95%	99%	99.5%
一区户均保费	53.4	69.0	99.1	194.0	1091.9	2102.2
二区户均保费	14.2	18.3	26.3	51.5	289.7	557.7
三区户均保费	10.0	12.9	18.5	36.2	203.8	392.4

资料来源：笔者自行整理。

目前云南农房地震保险还处于试点阶段，试点州市均处于风险区域一区；此外在未实现全省覆盖之前，优先考虑地震巨灾风险较高的区域，具有一定的代表性和现实意义，故此，分析农户投保行为时，主要关注风险一区的户均保费，从表6.11中可知风险区域一区的农户年平均保费为99.1元。采用同样的方法，可以计算出大理、玉溪和临沧的户均应缴保费分别为65.1元、60.9元和100.1元。

第二节　农户愿缴保费的实证分析

农户在实际的决策中，受自身认知和心理因素的影响，无法做到完全理性，无法对未来的地震巨灾风险作准确估计，因此无法做出理性假设下的最优投保决策，而实现期望效用最大化。可见，仅用新古典框架下的期望效用理论和宏观分析视角已经无法解释保险市场中存在的非理性决策行为。关于农户投保行为的研究结果也存在地区差异，并非所有结果都能够用新古典框架解释，即存在所谓的保险异象。因此，运用前景理论来分析有限理性假设下的农户愿缴保费，与上一节中期望效用理论下的应缴保费形成对比。以完颜瑞云、锁凌燕（2016），陈凯、黄滋才（2017）以及罗祥文（2018）的文章为蓝本，试图建立有限理性假设下，基于前景理论的农户最优投保决策模型，并依此计算农户的愿缴保费。

一　理论模型的构建

（一）模型假设

为分析前景理论下农户的投保行为，简化模型推导过程中的复杂性，此处对农户投保决策模型作以下理论假设：

一是农户作为农房地震保险的投保人，农户愿意缴纳的保费用 P 表示，破坏性地震发生造成的农房综合损失为 L。云南农房地震保险的投保期为一年，农户一次性缴纳年度保费。根据完颜瑞云、锁凌燕（2016）的研究结果，被保险人的投保行为与附加费用无关，即保险公司的赔付与被保险人的损失水平相等。故此 P 为纯保费，不考虑附加费率。

二是依据前景理论得出农户投保农房地震保险的前景值为 V_1，不投保农房地震保险的前景值为 V_2。农户投保农房地震保险的前提条件是农户投保的前景值不小于不投保的前景值。

三是 p_k 表示破坏性地震发生的客观概率，$\pi(p_k)$ 表示农户主观感受到的破坏性地震发生的概率。根据上一章理性假设下的农房地震保险费率厘定的结论可知，年度农房地震损失次数 N 服从参数为 λ 的泊松分布，发生 k 次损失的概率为：$p_k = \dfrac{e^{-2.8889} 2.8889^k}{k!}$，$E(N) = \lambda = 2.8889$，由此可知年度地震损失次数的取值为 0—3 次。由于 k 取整数，故此采用离散模型进行分析。

四是假设投保农户的初始财富为 w_0，在保险期内，贴现率为 1。w_k 表示投保期间财富水平相对于初始财富的变动值。由于前景理论中考虑的是当期财富水平与初始财富水平的比较值，故此初始财富水平并不影响农户的行为决策。

五是根据前景理论，农户的前景函数为 $V = \sum_{k=1}^{n} \pi(p_k)\nu(w_k)$，$k = 1, \cdots,$ n，农户的价值函数 $\nu(w_k) = \begin{cases} w_k^{\alpha}, & w_k \geqslant 0, \ 0 < \alpha < 1 \\ -\lambda(-w_k)^{\beta}, & w_k < 0, \ 0 < \beta < 1, \ \lambda > 1 \end{cases}$，决策权重函数为 $\pi(p_k) = \begin{cases} \dfrac{p_k^{\chi}}{[p_k^{\chi} + (1-p_k)^{\chi}]^{1/\chi}}, & w_k \geqslant 0, \ \chi > 0 \\ \dfrac{p_k^{\delta}}{[p_k^{\delta} + (1-p_k)^{\delta}]^{1/\delta}}, & w_k < 0, \ \delta > 0 \end{cases}$。根据 Kahneman 等 (1979) 和 Tversky 等 (1992) 的研究，通常情况下 $\lambda = 2.25$，$\alpha = 0.88$，$\beta = 0.88$，$\chi = 0.61$，$\delta = 0.69$。有其他研究者对前景理论的参数进行了推导，得到的参数取值与之相类似 (饶育蕾等，2019)，再加上前景理论价值函数的参数推导较为复杂，已有研究直接借鉴现有的参数值，例如张岳 (2012)、韩孟波 (2013) 的研究直接借用 Kahneman、Tversky (1979) 和 Tversky、Kahneman (1992) 的参数取值分析巨灾保险的投保行为。由于推导和计算不是本书的重点，故此直接借用 Kahneman、Tversky (1979) 和 Tversky、Kahneman (1992) 的参数取值进行农户愿缴保费规模的测算。

(二) 模型构建

根据前景理论的价值函数和决策权重函数，可知 $\pi(p_k)$ 表示农户主观感受到的破坏性地震发生的概率。$\pi(1-p_k)$ 表示农户主观感受到破坏性地震不发生的概率。由于本书研究的是破坏性地震造成的损失，$w_k < 0$，故此选择的价值函数 $\nu(w_k)$ 为 $-\lambda(-w_k)^{\beta}$，$w_k < 0$，$0 < \beta < 1$，$\lambda > 1$，选择的决策权重函数 $\pi(p_k)$ 为 $\dfrac{p_k^{\delta}}{[p_k^{\delta} + (1-p_k)^{\delta}]^{1/\delta}}$，$w_k < 0$，$\delta > 0$，根据第五点假设可知 $\lambda = 2.25$，$\beta = 0.88$，$\delta = 0.69$。

根据第一个假设可知，对投保农房地震保险的农户来说，保险期内，若不发生地震，投保农户的财富值相对于初始财富值的变动值的大小就是保费。一旦地震发生，地震造成的平均农房综合损失额度可以通过保险赔付完全抵消，相对于初始财富水平，农户财富的变动值也是保费。农户选择投保农房地震保险所对应的前景值 $V_1 = \pi(p_k)v(-P) + \pi(1-p_k)v(-P)$。

当农户选择不投保时，一旦发生地震，损失为 L，不发生地震则财富变动值为 0。面对地震发生和发生两种情况，农户感知到的主观地震发生频率为 $\pi(p_k)$，不发生的频率为 $\pi(1-p_k)$。农户选择不投保农房地震保险所对应的前景值 $V_2 = \pi(p_k)v(-L) + \pi(1-p_k)v(0)$。

根据第二个假设可知，农户选择投保农房地震保险的条件为：$V_1 \geqslant V_2$，即

$$\pi(p_k)v(-P) + \pi(1-p_k)v(-P) \geqslant \pi(p_k)v(-L) + \pi(1-p_k)v(0)$$

其中 $\pi(p_k) = \dfrac{p_k^{0.69}}{\left[p_k^{0.69} + (1-p_k)^{0.69}\right]^{1/0.69}}$，

$$\pi(1-p_k) = \frac{(1-p_k)^{0.69}}{\left[(1-p_k)^{0.69} + p_k^{0.69}\right]^{1/0.69}}$$

$$v(w_k) = -2.25(-w_k)^{0.88}, \quad p_k = \frac{e^{-2.8889}2.8889^k}{k!}, \quad k = 0, 1, 2, 3$$

$$(6-13)$$

式 (6-13) 经过推导可以得到：

$$P \leqslant \frac{L}{\left[1 + \left(\dfrac{1-p_k}{p_k}\right)^{0.69}\right]^{\frac{1}{0.88}}} \qquad (6-14)$$

对式 (6-14) 两边同时取期望值，且根据期望的性质（茆诗松等，2004）可得：

$$E(P) \leqslant \sum_{k=0}^{3} \frac{Lp_k}{\left[1 + \left(\dfrac{1-p_k}{p_k}\right)^{0.69}\right]^{\frac{1}{0.88}}} \qquad (6-15)$$

二 农户愿缴保费规模测算

当 L 取云南省破坏性地震引起的平均农房综合损失时，根据上一节的内容可计算出位于风险区域一区的州市的户均损失为 462.8 元，代入式 (6-15) 可以算出，风险区域一区农户愿意支付的保费 P 最高为 77.0 元。相对于公平精算保费下风险区域一区的农户应缴保费 99.1 元，前景

理论下风险区域一区农户愿意缴纳的保费较农户的应缴保费低22.1元。同理可以计算出风险区域二区和三区的户均损失分别为117.7元和85.4元，代入式（6 - 15）中可以计算前景理论下风险一区的农户最高愿缴保费为19.6元，风险三区农户最高愿缴保费为14.2元。

当L取大理州破坏性地震引起的平均农房综合损失时，根据上一节的内容可知，大理州的户均损失为303.7元，代入式（6 - 15）中可以算出大理州农户最高愿缴保费为50.6元。根据第五章的实地调研结果可知，农户对农房地震保险的最高支付意愿为50元，近似于根据前景理论计算的最高愿缴保费额度，说明基于前景理论计算的农户愿缴保费具有一定的合理性。

相比于公平精算保费下大理州农户的应缴保费65.1元，前景理论下农户愿意缴纳的保费较农户应缴保费低14.5元。同理可以计算出玉溪市和临沧市的户均损失分别为284.3元和467.2元，代入式（6 - 15）可以计算出前景理论下玉溪市和临沧市的农户愿意缴纳的最高保费分别为47.3元和77.8元。

第三节　应缴保费与愿缴保费的比较分析

一　测算保费与实际保费的比较

由于未考虑附加费用、免赔额和赔付限额，第二节计算出来的纯保费为承保人愿意接受的最低保费，即投保农户需要缴纳的最低保费。现行的大理、玉溪和临沧的政策性农房地震保险的户均保费分别为39元、39元和60元，与在理性假设下测算出来的三个试点地区的户均保费65.1元、60.9元和100.1元相比，测算的应缴保费均高于试点地区的实际保费，可能的原因归纳如下：

首先，正如前文所言，本农房地震保险的保险标的为农房和室内外财产，以包括农房和室内外财产损失在内的农房综合损失为基础，进行保费规模测算，根据第四章的内容可知，增加了室内外财产损失的民房综合损失占直接经济损失的比例比民房损失占直接经济损失的比例高1%，故随着保险标的财富值的增加，保费也会相应增加。

其次，本书考虑的是年度的农房综合损失，并非只是单次破坏性地震造成的农房综合损失，由于采用非寿险精算中的复合分布，年度农房综合损失约为次均损失的 3 倍，有研究进行保费厘定时，很可能基于单次地震损失进行费率测算，使得计算结果偏低。例如在李幸（2015）的计算中，云南农房地震保险的保费规模在 90% 的置信度水平下风险一区的户均保费为 75.1 元，低于本书风险一区的户均保费 90.1 元，原因可能是未考虑年度平均的破坏性地震发生次数。

最后，本书采用公平精算保费方法，而农房地震保险的赔付率未知，故此参照历年亚洲巨灾保险的赔付率和每年全球自然灾害保险赔付增长率设定农房地震保险的赔付率，采用巨灾保险赔付率代替农房地震保险的赔付率或许有失偏颇。此外，现行的云南农房地震保险为政策性指数保险，一方面指数保险的测算与传统公平精算保费的测算方法不尽相同，另一方面政策性保险在保费厘定的过程中，除了遵循基本的费率厘定原理之外，还需要充分考虑反映政府政策导向的政策调整因子，这也会影响最终的费率厘定结果。

由此可见农户应缴保费与试点实际保费存在差异是由一系列客观原因导致的，基于公平精算保费原则测算的应缴保费具有科学性和客观性，对于分析农户投保行为中的支付意愿的价格机制具有一定的理论和现实意义。

二 应缴保费与愿缴保费的比较

第二节计算的农户最低应缴保费用 P 表示。第三节根据前景理论计算得出的保费是农户愿意缴纳的最高保费限额，用 P_0 表示，各风险区域和试点地区农户的最低应缴保费和最高愿缴保费归纳如表 6.12 所示。

表 6.12　　　云南风险区域和试点农户的应缴保费和愿缴保费　　　单位：元

风险区域和试点地区农户的户均保费	风险一区				风险二区	风险三区
	平均	大理	玉溪	临沧		
最低应缴户均保费 P	99.1	65.1	60.9	100.1	26.3	18.5
最高愿缴户均保费 P_0	77.0	50.6	47.3	77.8	19.6	14.2
最低应缴保费和最高愿缴保费的差额	22.1	14.5	13.6	22.3	6.7	4.3

资料来源：笔者自行整理。

通过比较农户的应缴保费和愿缴保费，获得的支付意愿价格机制如

表 6.12 所示。农户的最低应缴保费均高于农户愿意缴纳的最高保费，说明农户对农房地震保险的支付意愿不足，具体如图 6.6 所示。

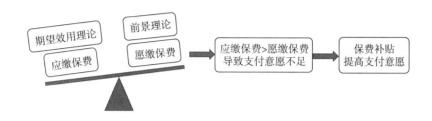

图 6.6　应缴保费、愿缴保费与支付意愿的关系

资料来源：笔者自行整理。

当农户的最高支付意愿低于农户应该缴纳的最低保费额度，说明农户认为农房地震保险的价格低于自身预期的农房地震保险价格，农户的支付意愿不足。这与第四章的结论相一致，即农户自身的可支配收入水平较低以及农房地震保险的公平精算保费费率较高，导致农户的支付意愿不足。面对地震巨灾风险，在农户既定的支付能力之下，农户不愿意支付高于自身期望的农房地震保险价格，取而代之地选择其他的地震巨灾风险应对方式，导致农房地震保险的投保不足。

根据前文分析可知，农户投保不足的原因既包括农户的主观原因，也包括保险制度设计的客观因素。故面对农户应缴保费超过农户愿缴保费的现状，在农房地震保险推广的过程中，需要政府积极参与。通过实行保费补贴制度，发挥保费补贴制度对农户支付意愿的价格机制，弥补应缴保费和愿意缴纳保费之间的差距造成的支付意愿不足，引导和激励农户投保。

第四节　本章小结

本章基于不确定性行为决策理论下的支付意愿分析框架，分析了农户投保行为中支付意愿的内部作用机制。支付意愿的内部作用机制指的是通过应缴保费和愿缴保费反映出来的价格机制，因此，分别对农户的应缴保费和愿缴保费做了实证分析，并通过比较应缴保费和愿缴保费，分析农户支付意愿的价格机制。

在农户应缴保费的实证分析部分，首先回顾了保费厘定的文献与基础理论，基于此构建应缴保费测算的理论模型。该部分对研究假设、研究思路、数据来源与处理做了说明。其次，结合 1992—2018 年的云南省地震巨灾事件数据，根据公平精算保费原理，对农户的应缴保费规模进行测算。一是，采用传统非寿险精算的方法拟合得出损失数据的 GPD – POT 分布，以及损失次数的泊松分布，以得到损失数据的年度累积复合分布。二是，通过 VaR 方法计算最大农房损失额度，而最大损失额度与赔付率的乘积即为农房综合损失的总保费规模。三是，综合考虑地震巨灾风险的危险度指数、承灾体的脆弱性以及地震巨灾的防御指数，计算得出风险区划指数。四是，根据风险区划指数，计算得出各风险区域以及各试点地区的农户应缴保费规模。

在农户愿缴保费的实证分析部分，与农户应缴保费的实证分析相对应，该部分基于前景理论，在一定的模型假设下，建立了农户投保决策的理论模型，通过对该模型的推导，得到农户愿意缴纳的最高保费。之后，基于上一节中测算的农房综合损失数据，测算得出农户的愿缴保费规模。

通过比较前文计算出来的农户应缴保费和农户愿缴保费，其中根据公平精算保费测算的是农户的最低应缴保费，根据前景理论测算的是农户的最高愿缴保费。通过比较二者，发现农户的最低应缴保费均高于农户的最高愿缴保费，说明农户对农房地震保险的支付意愿不足。根据前文分析可知，支付意愿不足的现状可以通过保费补贴制度的价格机制来调节。故此，接下来一章就会对保费补贴制度对农户投保行为的影响做具体阐述。

第七章　农户投保行为的外部作用机制分析
——基于保费补贴制度的视角

前两章剖析了农户投保行为的内部作用机制，还需要从外部制度环境维度剖析农户的投保行为，而外部制度环境中最重要的是保费补贴制度。因此，本章从外部制度环境入手，分析保费补贴制度对农户投保行为中投保意愿和支付意愿的影响。根据内外维度分析框架，保费补贴制度通过诱导机制影响农户的投保意愿，通过价格机制影响农户的支付意愿。首先从博弈均衡分析的角度，分析保费补贴制度通过诱导机制影响农户的投保意愿。其次从实证角度，分析保费补贴制度通过价格机制影响农户的支付意愿。一方面，该部分对保费补贴制度弥补农户支付意愿不足做了规范分析，另一方面，基于云南试点数据，从最低保费补贴比例、各级政府保费补贴分担比例以及农户与各级政府的保费分担比例三个维度，测算为弥补农户支付意愿不足，政府需要提供的保费补贴规模。最后，讨论了对现有保费补贴制度的优化，以充分发挥保费补贴制度对农户投保行为的作用机理。

第一节　农房地震保险保费补贴制度对
农户投保意愿的影响

政府通过保费补贴制度介入农房地震保险市场，政府和农户存在直接的博弈关系，同时政府的行为会间接影响到共保体的承保行为。当一方主体的决策行为影响到其他主体的决策行为时，此时的整体决策行为与均衡问题就成为博弈问题。博弈论是对理性行为人在一定策略环境中如何采取行动的系统性研究（杰里、瑞尼，2014）。政府作为隐性参与者，以保费补贴等方式介入农房地震保险市场，通过影响博弈要素构成的均衡路径，调节着农户和共保体之间的均衡结果。应用博弈论方法分析农房地震保险中主体的决策行为，关注行为主体之间利益分配和博弈过程，有助于厘清保费补贴对农户投保行为的作用机制。基于第三章建立的保费补贴制度对农户投保意愿的诱导机制，以及试点农户投保行为的实际情况，采用三阶段的完全信息动态博弈来分析保费补贴制度对农户投保意愿的影响。

一 博弈要素与模型假设

（一）模型要素描述

博弈模型的要素和步骤包括：一是确定参与博弈的行为主体；二是基于给定的信息，确定行为主体的策略空间，即各主体的决策行为选择；三是明确参与主体的支付函数，即各行为主体从博弈中所获得的利益，又被称为得益（payoffs），得益可以用效用、利润和福利等表示；四是基于各行为主体的得益分析博弈均衡下各行为主体的最优策略组合（谢识予，2002）。

参与博弈的行为主体包括政府、以主承保公司为主的共保体以及农户。由于农房地震保险属于省本级的保险试点，故此参与的政府包括省级、州市和县区政府，三级财政都是为了达到社会福利最大化的目标，故此在进行博弈分析时，将其统称为政府主体。共保体是由多家保险公司共同参与成立、共同承保农房地震保险的承保人，由于共保体内的各个承保公司的目标一致，都是实现利润最大化，再加上本书研究的重点是农户的投保行为，故此未对参与共保体的各保险公司的行为博弈作系统分析，而是直接把整个共保体当作承保人。农户作为政府保费补贴制度的直接受益者，同时也是农房地震保险的消费者。农户作为单独个体接受政府救助、与承保人签订保险合同，然而由于每户农户都是以实现自身效用最大化为目的，故此将所有农户统一当作农户主体。

博弈参与方根据自身的目标做出策略行为选择。政府作为保费补贴的承担者，其策略包括给予保费补贴或者不给予保费补贴。共保体的策略空间包括承保和不承保。农户的策略选择包括愿意投保和不愿意投保。

（二）模型假设

基于三阶段完全信息动态博弈分析保费补贴与农房的投保行为的博弈均衡，第一阶段为政府决策是否给予农房地震保险保费补贴；第二阶段为农户根据政府是否给予保费补贴而做出是否投保的决策；第三阶段为保险公司基于对农户和政府行为的观察，做出是否承保的决策。假设博弈参与方知道各方得益情况，属于完全信息动态博弈，对应的均衡是子博弈完美纳什均衡。

假设农户为理性经济人,基于期望效用理论进行决策,农户选择是否投保会带来不同的效用函数的期望值,农户根据效用最大化原理做出决策行为选择。假设农房和室内外财产的财富值为 h,农户的应缴保费为 P,地震巨灾风险发生的概率为 p,造成的农房综合损失为 L,农户追求的期望得益为 $U(h)$,农户为风险厌恶者,即 $U'(h) > 0$,$U''(h) < 0$。

假设共保体提供农房地震保险的成本为 C,一旦发生地震巨灾风险,共保体给予投保农户的保险赔付为 $I(h)$,共保体追求利润最大化下的期望得益为 $V(h)$。

假设政府提供保费补贴的比例为 s,政府追求最大化的社会福利,当政府不提供保费补贴时,政府的期望得益为 $W(h)$,当政府提供保费补贴时,政府的期望得益用 $M(h)$ 表示。

二 博弈模型构建

(一)无保费补贴下的农户与共保体博弈

在政府不给予保费补贴的情况下,农户愿意投保的期望得益为:

$$U_1(h) = pU(h - L - P + I(h)) + (1-p)U(h - P) \tag{7-1}$$

农户不愿意投保对应的期望得益为:

$$U_2(h) = pU(h - L) + (1-p)U(h) \tag{7-2}$$

共保体选择承保的期望得益为:

$$V_1(h) = p(P - I(h)) + (1-p)P - C \tag{7-3}$$

共保体选择不承保的期望得益为:

$$V_2(h) = 0 \tag{7-4}$$

对于农户来说,只有当 $U_1(h) > U_2(h)$ 的时候,才愿意投保,当且仅当 $V_1(h) > 0$ 时,保险公司在获利的情况下才会选择承保,此时农房地震保险市场达到均衡状态。无政府保费补贴的情况下的农户与共保体的得益矩阵如表7.1所示:

表7.1 无保费补贴下的农户与共保体的得益矩阵

		共保体	
		承保	不承保
农户	投保	$U_1(h)$,$V_1(h)$	$U_2(h)$,0
	不投保	$U_2(h)$,$-C$	$U_2(h)$,0

资料来源:笔者自行整理。

政府的利益目标是实现社会福利最大化，由农户与共保体的期望得益构成的消费者剩余和生产者剩余即为政府的利益。在无政府保费补贴的前提下，当农户做出投保行为时，政府对应的福利的期望得益为：

$$W_1(h) = U_1(h) + V_1(h) \tag{7-5}$$

在无政府保费补贴的情况下，当农户不愿做出投保行为时，政府对应的福利期望得益为：

$$W_2(h) = U_2(h) + V_2(h) = U_2(h) \tag{7-6}$$

（二）保费补贴下的农户与共保体博弈

在政府给予保费补贴的情况下，农户需要支付的保费减少为 $(1-s)P$，由于需要支付的保费减少，农户的投保率提高，农户愿意投保的期望得益为：

$$U_{s1}(h) = pU(h - L - (1-s)P + I(h)) + (1-p)U(h - (1-s)P) \tag{7-7}$$

农户不愿投保对应的期望得益为：

$$U_{s2}(h) = U_2(h) = pU(h - L) + (1-p)U(h) \tag{7-8}$$

在政府给予保费补贴的前提下，对于共保体来说，由于农户的投保率提高，共保体选择承保的期望得益也会提高到 $V_{s1}(h)$，且 $V_{s1}(h) > V_1(h)$，共保体选择不承保的期望得益 $V_{s2}(h) = 0$。

对于农户来说，$U_{s1}(h) > U_1(h)$，当保费补贴比例 s 足够高时，农户投保的期望得益将高于无补贴时候的期望得益，且高于不投保的期望得益，即 $U_{s1}(h) > U_2(h)$ 时，农户愿意投保。对于共保体来说，保费补贴增加了农户的投保率，进而增加了承保的期望得益，共保体选择承保，农房地震保险市场达到均衡。政府保费补贴下的农户与共保体的得益矩阵如表7.2所示：

表7.2　　　　　政府保费补贴下的农户与共保体的得益矩阵

		共保体	
		承保	不承保
农户	投保	$U_{s1}(h)$，$V_{s1}(h)$	$U_2(h)$，0
	不投保	$U_2(h)$，$-C$	$U_2(h)$，0

资料来源：笔者自行整理。

政府基于社会福利最大化的利益目标，当对投保农户给予保费补贴比例为 s 的保费补贴时，当农户愿意做出投保行为时，政府对应的福利的期望得益为：

$$M_1(h) = U_{s1}(h) + V_{s1}(h) - sP \tag{7-9}$$

在政府补贴保费的情况下，当农户不愿做出投保行为时，政府对应的福利的期望得益为：

$$M_2(h) = U_{s2}(h) + V_{s2}(h) = U_2(h) \tag{7-10}$$

政府给予保费补贴的前提条件是，政府提供保费补贴后的福利水平应该高于未提供保费补贴时的福利水平，即 $M_1(h) > W_1(h)$，由此可以推出：

$$U_{s1}(h) + V_{s1}(h) - (U_1(h) + V_1(h)) > sP \tag{7-11}$$

式（7-11）中，不等号的左边表示给予保费补贴前后的社会福利增加值，右边为政府提供保费补贴付出的资金价值，该式表明社会福利的增加值大于保费补贴值，原因在于潜在的社会福利会因为政府给予保费补贴而显现出来（刘蔚，2017）。

基于以上模型假设和分析，政府、农户和共保体之间的博弈关系和对应得益可以用图 7.1 的博弈树来表示。

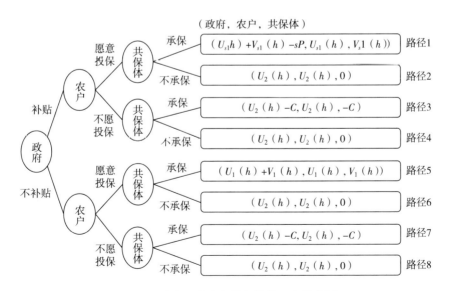

图 7.1　政府、农户和共保体的三方博弈树

资料来源：笔者自行整理。

三 博弈模型分析

对于动态博弈，一般从博弈的最后一个阶段开始从后往前推算。从图7.1可以看出，该博弈中的最后一个阶段为共保体做出是否承保的决策行为。假如共保体意识到政府选择给予保费补贴，农户选择投保，则共保体承保的期望得益大于不承保的预期得益，共保体的明智选择是路径1。假如共保体意识到政府给予保费补贴时，农户选择不投保，则共保体不承保的期望得益高于承保时候的期望得益，共保体的明智选择是路径4。假如共保体观察到政府不会给予农户保费补贴，且农户选择投保，则对于共保体来说，选择承保的期望得益高于选择不承保的期望得益，共保体的明智选择是路径5。假如共保体意识到在政府不给予保费补贴时，农户不愿意投保，则共保体选择不承保的期望得益高于选择承保的期望得益，对共保体来说，路径8为明智选择。由此可以看出，在共保体的决策阶段，共保体的明智选择包括路径1、4、5、8。

对于博弈倒数第二阶段农户的投保行为，当农户意识到政府将采取保费补贴，则对农户来说可选的路径为路径1和路径4。正如前文所言，当政府给予保费补贴的比例足够高，农户投保的期望得益将高于无补贴时候的期望得益，且高于不投保的期望得益，即 $U_{s1}(h) > U_2(h)$ 时，农户愿意做出投保行为，由此说明路径1优于路径4。当农户意识到政府不会给予保费补贴时，农户可选的路径为路径5和路径8。当 $U_1(h) > U_2(h)$ 的时候，农户选择投保农房地震保险，对应的较优路径为路径5。故对于第二阶段的博弈来说，农户的明智选择为路径1和路径5。

基于以上分析，政府可选的路径为路径1和路径5。当政府选择给予保费补贴时，政府的预期得益为 $U_{s1}(h) + V_{s1}(h) - sP$；当政府选择不给予保费补贴时，对应的预期得益为 $U_1(h) + V_1(h)$。只有当政府提供保费补贴的福利水平高于未提供保费补贴的福利水平时，政府才会给予保费补贴，由式（7-11）可知，政府对投保农户提供补贴，保费补贴释放了潜在的社会福利，这与刘蔚（2017）研究结论相一致。因此政府的明智选是提供保费补贴，即选择路径1。

基于上述分析可知该完全信息动态博弈的子博弈完美均衡结果为：政府选择提供保费补贴，农户选择投保农房地震保险，共保体选择承保农房地震保险，给定其中任何一方的选择，另外两方的选择是最优的，故此，该子博弈完美均衡属于纳什均衡，实现了资源的效用配置，政府提供保费补贴属于有效均衡。

四　博弈结果讨论

对于农户来说，当政府给予保费补贴的时候，农户投保的期望得益高于没有保费补贴下投保的期望得益，即 $U_{s1}(h) > U_1(h)$，且当保费补贴比例 s 足够高时，农户在保费补贴下投保的期望得益高于保费补贴下不投保的期望得益，即 $U_{s1}(h) > U_2(h)$。由此可以看出，政府的保费补贴提高了农户的期望效用，保费补贴制度通过诱导机制，增进了农户的投保意愿。具体而言，政府提供保费补贴制度的行为表明政府对农房地震保险的信任，农户基于对政府的信任，而建立起对该保险的信任，且对该保险的好感会有所增加。从博弈均衡的结果来看，农户投保的期望效用高于不投保的期望效用，农户因为自身的效用提高，再加上对政府存在熟悉偏好和框架效应，使得农户的投保意愿增加，进而做出投保行为。这就是政府补贴制度对投保意愿的诱导机制发挥作用的过程。

对于政府来说，保费补贴制度通过对农户投保意愿的诱导机制，促进农户投保。农户投保的增加，能够更好地发挥农房地震保险的风险分散效应，让农户和共保体均获得益处，增进整体的社会福利，而整体社会福利提高是政府通过保费补贴制度诱导农户投保的前提条件。

对于共保体来说，当政府对农房地震保险实行保费补贴制度时，农户愿意做出投保行为，有助于提高投保率，改善农户投保不足的现状，弥补农房地震保险市场供需失衡的状态，间接地提高共保体的福利。

除了考虑保费补贴制度通过诱导机制影响农户的投保意愿，还需考虑保费补贴制度通过价格机制影响农户的支付意愿。该问题将在第二节中做详细讨论。

第二节　农房地震保险保费补贴制度
对农户支付意愿的影响

上一节讨论了保费补贴制度对农户投保意愿的影响，作为对照，本节分析保费补贴制度对农户支付意愿的影响。根据第三章建立的内外维度分析框架，保费补贴主要通过价格机制影响农户的支付意愿。一方面，当对农户实行保费补贴时，保费补贴的价格机制使得农户的应缴保费降低，调整了投保与其他替代性风险应对方式的相对价格，保费补贴对农户投保行为产生价格效应，农户会选择投保。另一方面，根据第三章的现状分析可知农户存在投保不足的问题，再加之，第六章的实证分析表明农户存在支付意愿不足的问题。为了弥补农户投保不足的问题，政府实行保费补贴制度，改变了保费的相对价格，使得保费水平处在一个农户能够接受的水平，提高了农户对农房地震保险的支付意愿。基于第三章的理论分析，该部分从规范分析的角度，说明为内化农房地震保险的正外部性，政府需要提供的保费补贴规模。此外，在实证方面，依托云南试点数据，从各级政府保费补贴分担比例以及农户与各级政府的保费分担比例的维度，测算政府需要实际提供的保费规模，以弥补农户支付意愿不足的问题。

一 保费补贴弥补支付意愿不足的理论依据

根据冯文丽（2012）的农业保险补贴的最适规模理论，基于农户的理性假设，从内部效益和外部效益的角度分析农房地震保险的最优保费补贴额度，具体分析如图 7.2 所示。由于农房地震保险属于准公共品，具有正的外部性，农户的农房地震保险需求反映的是内部效益的私人部门需求，用 Q_i 表示，然而由于存在正的外部性，农房地震保险的总需求 Q_t 应该是反映内部效益的私人部门需求 Q_i 与反映外部效益的社会需求 Q_s 的加总。

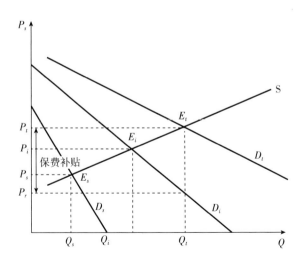

图 7.2 农房地震保险的保费补贴规模分析

资料来源：笔者自行整理。

从图7.2可以看出，当不考虑外部性时，市场均衡点为农户作为私人部门对农房地震保险的需求曲线 D_i 与供给曲线 S 的交点 E_i 点。当考虑外部性时，社会需求曲线 D_s 与供给曲线 S 的交点为 E_s。农房地震保险的总需求曲线 D_t 为社会需求曲线 D_s 和农户需求曲线 D_i 的加总，D_t 与供给曲线 S 的交点 E_t 即为均衡点，对应的均衡价格为 P_t，均衡需求为 Q_t。对于农户来说，实际能够负担的价格为 P_r，即私人部门对农房地震保险的需求曲线 D_i 上需求 Q_t 点对应的价格。在农户完全理性的假设下，市场均衡价格 P_t 与农户实际能够负担的价格 P_r 之间的差额则为需要政府补贴的额度，即农房地震保险的保费补贴规模为 $P_t - P_r$。

二　保费补贴弥补支付意愿不足的实证分析

（一）政府最低保费补贴比例维度

当政府给予保费补贴的时候，农户投保的期望得益高于没有保费补贴情况下投保的期望得益，即 $U_{s1}(h) > U_1(h)$，且当保费补贴比例 s 足够高时，农户在保费补贴下投保的期望得益高于保费补贴下不投保的期望得益，即 $U_{s1}(h) > U_2(h)$，农户选择投保农房地震保险。

在进行政府、农户和共保体三方博弈分析时，提出保费补贴比例达到一定阈值之后，农户愿意投保的期望得益才会高于不愿投保的期望得益，农户才会选择投保。此处根据前面章节的实证数据，分析政府应提供的最低保费补贴比例。

根据表6.12农户愿意缴纳的最高保费 P_0 均低于农户应该缴纳的最低保费 P，农户存在支付意愿不足。为保证农户顺利投保农房地震保险，需要政府进行保费补贴，保费补贴比例用 s 表示。假设有保费补贴下的应缴保费为 P_1，即

$$P_1 = (1 - s)P \tag{7-12}$$

农户投保农房地震保险的条件为保费补贴下的应缴保费应不超过农户愿意缴纳的保费上限，即

$$P_1 \leqslant P_0 \tag{7-13}$$

根据式（7-12）和式（7-13）可以推出：

$$s \geqslant 1 - \frac{P_0}{P} \tag{7-14}$$

由此可知政府进行农房地震保险保费补贴的最低补贴比例为 $1 - \dfrac{P_0}{P}$，

根据表6.12中的最高愿缴保费P_0和最低应缴保费P，可计算出各风险区域和三个试点地区的最低补贴比例，结果见表7.3。在进行保费补贴规模测算时，主要针对的是大理、玉溪和临沧三个政策性农房地震保险试点地区，丽江试点属于纯商业化运作，其保费补贴规模和其他三个试点地区不具有可比性，故此处不作考虑。

由表7.3可知，风险一区、风险二区、风险三区的最低保费补贴比例分别为22%，25%和23%，大理、玉溪和临沧均处于风险一区，最低保费补贴比例均为22%。与现行的云南农房地震保险试点的保费补贴比例相比，计算得出的最低保费补贴比例远远低于大理和玉溪100%的保费补贴比例，高于临沧8%（见表4.2）的保费补贴比例。在最低保费补贴比例下，农户的应缴保费均低于表6.12中农户的最高愿缴保费，说明实行保费补贴之后，农户的应缴保费在农户的支付意愿之内。

表7.3　　　云南风险区域和试点地区的政府最低保费补贴比例

各风险区域和试点地区的最低保费补贴比例及最低保费补贴比例下的农户应缴保费	风险一区				风险二区	风险三区
	平均	大理	玉溪	临沧		
最低保费补贴比例s（%）	22	22	22	22	25	23
最低保费补贴比例下的应缴保费P_1（元）	60.1	39.5	36.9	60.7	14.7	10.9

资料来源：笔者自行整理。

（二）三级财政保费补贴分担比例维度

从现行云南农房地震保险试点的保费补贴比例来看，大理州和玉溪市的农房地震保险保费由省级、州市、县区三级财政全额负担，临沧市仅有8%由县区级政府补贴，其他92%的保费由农户自筹。《四川省城乡居民住宅地震巨灾保险工作方案》[1]规定居民需自筹40%的保费，由三级地方政府共同补贴60%的保费。以四川省宜宾市为例，省级、州市和县区三级财政的保费补贴比例分别为30%、15%和15%[2]。此外，还可以借鉴农业保险保费补贴制度的实践经验。一般来说，农户保险的补贴

---

[1]　乐山市人民政府：《四川省人民政府办公厅关于印发四川省城乡居民住宅地震巨灾保险工作方案的通知》，http：//www.leshan.gov.cn/lsszww/szfcwhyi/201705/4c4f491061674416 8ed0a9ae1022dacd.shtml，2017年5月23日。

[2]　中国保险监督管理委员会四川监管局：《关于印发宜宾市试点城乡居民住宅地震巨灾保险的通知》，http：//sichuan.circ.gov.cn/web/site34/tab1978/info4083964.htm，2017年9月29日。

为多级财政共同补贴,中央财政补贴保费的 35%,省级财政承担 25%,州市和县区承担 20%,农户自筹 20%。有中央财政补贴的农业保险,中央、省级、州市和县区各级政府的补贴额度合计为保费的 80%,农户自担 20%。没有中央财政补贴的农业保险,财政保费补贴的比例因地而异,然而在总保费补贴规模中,省级财政承担 60%,州市及以下财政承担 40%(冯文丽,2012)。

综上所述,云南农房地震保险作为省级试点保险,除农户自筹保费之外,保费补贴由省级、州市、县区三级财政共同承担较为合理,其中省级财政承担 60%,州市和县区财政共同承担 40%。州市和县区的承担比例可参考大理州和玉溪市的试点方案,即州市和县区财政分别承担补贴保费的 20%(见表 4.8)。假设云南农房地震保险的保费补贴由省级、州市和县区财政分担,原因在于中央和地方的统计口径可能存在差异,故未同时考虑中央和地方财政间的保费补贴分担比例。此外,2018 年云南统计年鉴中未提供州市、县区级的财政收入,故无法对州市和县区的分担比例做详细测算,假设州市和县区财政承担相同的保费补贴比例,以下仅对省级和各州市的保费补贴分担比例进行测算。

田玲等(2015)和刘沐泽(2015)认为应当根据人均财政收入测算中央、省级和地方各级政府的财政分担比例。由于在农房地震保险保费测算中使用的是户均保费,为统一衡量口径,选取户均财政收入为指标,用以衡量各级财政支付能力,并据此测算云南省各级财政的保费分担比例。户均财政收入为总财政收入与总户数的比值,云南省省级和各州市的财政收入以地方一般公共预算收入衡量,云南省省级和各州市的地方一般公共预算收入和总户数来源于 2018 年《云南统计年鉴》。省级和州市保费补贴中的财政分担比例测算公式如下所示:

$$本年度州市及以下财政年度分担比例 = \frac{上一年度州市户均财政收入}{上一年度省级户均财政收入} \times 100\% \tag{7-15}$$

$$本年度省级财政分担比例 = (1 - 本年度州市及以下财政年度分担比例) \times 100\% \tag{7-16}$$

$$本年度州市财政分担比例 = 本年度县区财政分担比例 \tag{7-17}$$

如果年度州市及以下财政分担比例超过 100%,则按 100% 计,表明州市及以下财政全额负担农房地震保险的保费补贴,省级财政不承担保费补贴。省级财政、州市财政和县区财政的承担比例测算数据见表7.4。

表7.4　　　　云南农房地震保险试点三级财政保费补贴比例测算

州市名称	财政收入（亿元）	总户数（万户）	户均财政收入（万元）	省级财政分担比例（％）	州市财政分担比例（％）	县区财政分担比例（％）
昆明	560.86	205.30	2.73	0	50	50
曲靖	136.22	192.10	0.71	48	26	26
玉溪	137.22	74.10	1.85	0	50	50
保山	62.32	70.80	0.88	35	33	33
昭通	67.53	170.30	0.40	71	15	15
丽江	40.06	38.40	1.04	23	39	39
普洱	53.22	74.10	0.72	47	27	27
临沧	40.04	66.40	0.60	55	22	22
楚雄	80.26	80.80	0.99	26	37	37
红河	141.28	132.00	1.07	21	40	40
文山	56.88	98.40	0.58	57	21	21
西双版纳	28.46	28.20	1.01	25	37	37
大理	87.01	107.50	0.81	40	30	30
德宏	33.77	32.30	1.05	23	39	39
怒江	9.93	15.90	0.62	54	23	23
迪庆	10.17	9.80	1.04	23	38	38
全省	1886.17	1396.3	1.35			

资料来源：根据2018年《云南统计年鉴》，计算和整理而得。

通过加总各州市财政和县区财政的分担比例可以计算得出各风险区域保费补贴的省级、州市和县区财政分担比例，具体数值见表7.5。

表7.5　　　　　　云南风险区域的三级财政分担比例

风险区域	财政收入（亿元）	总户数（万户）	户均财政收入（万元）	省级财政分担比例（％）	州市财政分担比例（％）	县区财政分担比例（％）
一区	1468.25	1272.3	1.15	15	43	43
二区	20.1	25.7	0.78	42	29	29
三区	56.88	98.4	0.58	57	21	21
全省	1886.17	1396.3	1.35			

资料来源：笔者自行整理。

根据农房地震保险保费补贴中各州市及各风险区域的三级财政分担比例，可计算出不同农户自筹保费比例下，各风险区域以及现行云南农房地震保险试点地区的省级、州市、县区三级财政分担比例，具体数据测算见表7.6。

表 7.6　云南农房地震保险试点农户和三级财政的保费分担测算

单位:%

说明：下表中"大理试点"与"玉溪试点"属于"风险一区保费补贴比例"。

农户自筹保费比例	保费补贴比例	平均保费补贴比例			大理试点			玉溪试点			临沧试点			风险二区保费补贴比例			风险三区保费补贴比例		
		省级	州市	县区	省级	州市	县区	省级	州市	县区	省级	州市	县区	省级	州市	县区	省级	州市	县区
100	0	0	0	0	0	0	0	0	0	0	0	0	0	0	0	0	0	0	0
95	5	1	2	2	2	2	2	0	3	3	3	1	1	2	1	1	3	1	1
90	10	1	4	4	4	3	3	0	5	5	6	2	2	4	3	3	6	2	2
85	15	2	6	6	6	5	5	0	8	8	8	3	3	6	4	4	9	3	3
80	20	3	9	9	8	6	6	0	10	10	11	4	4	8	6	6	11	4	4
75	25	4	11	11	10	8	8	0	13	13	14	6	6	11	7	7	14	5	6
70	30	4	13	13	12	9	9	0	15	15	17	7	7	13	9	9	17	6	7
65	35	5	15	15	14	11	11	0	18	18	19	8	8	15	10	10	20	7	8
60	40	6	17	17	16	12	12	0	20	20	22	9	9	17	12	12	23	8	9
55	45	7	19	19	18	14	14	0	23	23	25	10	10	19	13	13	26	9	10
50	50	7	21	21	20	15	15	0	25	25	28	11	11	21	15	15	29	11	11
45	55	8	23	23	22	17	17	0	28	28	30	12	12	23	16	16	31	12	12
40	60	9	26	26	24	18	18	0	30	30	33	13	13	25	17	17	34	13	13
35	65	9	28	28	26	20	20	0	33	33	36	14	14	27	19	19	37	14	14
30	70	10	30	30	28	21	21	0	35	35	39	16	16	29	20	20	40	15	15
25	75	11	32	32	30	23	23	0	38	38	42	17	17	32	22	22	43	16	17
20	80	12	34	34	32	24	24	0	40	40	44	18	18	34	23	23	46	17	18
15	85	12	36	36	34	26	26	0	43	43	47	19	19	36	25	25	48	18	19
10	90	13	38	38	36	27	27	0	45	45	50	20	20	38	26	26	51	19	20
5	95	14	41	41	38	29	29	0	48	48	53	21	21	40	28	28	54	20	21
0	100	15	43	43	40	30	30	0	50	50	55	22	22	42	29	29	57	21	22

资料来源:经笔者计算和整理而得。

（三）农户与三级财政保费分担规模维度

参照《四川省城乡居民住宅地震巨灾保险工作方案》[①] 中的保费分担机制，假设云南农房地震保险试点中农户需自担40%的保费，三级财政补贴60%的保费，此时的保费补贴比例已超过表7.3中的最低保费补贴比例，故财政补贴60%的保费具有可行性。根据各风险区域和试点地区的最低应缴保费以及表7.4风险区和试点地区的各级财政保费补贴分担比例，可计算得出三个风险区域的保费分担情况（见表7.7），以及各试点州市的保费分担情况（见表7.8）。

表7.7　　　　　　　　　云南风险区域的保费分担情况　　　　　　　　单位：元

风险一区保费分担				风险二区保费分担				风险三区保费分担			
农户自筹	财政保费补贴			农户自筹	财政保费补贴			农户自筹	财政保费补贴		
	省级	州市	县区		省级	州市	县区		省级	州市	县区
40%	9%	26%	26%	40%	25%	17%	17%	40%	34%	13%	13%
39.6	8.7	25.4	25.4	10.5	6.6	4.6	4.6	7.4	6.3	2.3	2.4

资料来源：笔者自行整理。

表7.8　　　　　　　　　云南试点地区的保费分担情况　　　　　　　　单位：元

大理州保费分担				玉溪市保费分担				临沧市保费分担			
农户自筹	财政保费补贴			农户自筹	财政保费补贴			农户自筹	财政保费补贴		
	省级	州市	县区		省级	州市	县区		省级	州市	县区
40%	24%	18%	18%	40%	0	30%	30%	40%	33%	13%	13%
26.0	15.6	11.7	11.7	24.4	0	18.3	18.3	40.0	33.3	13.4	13.4

资料来源：笔者自行整理。

从表7.7和表7.8中可以看出，农户自筹的保费均未超过40.0元，在农户愿意缴纳的保费额度内，由于风险一区的农户面临更高的地震巨灾风险，故风险一区的保费高于风险二区和风险三区的保费。三个试点

---

① 四川省人民政府办公厅：《关于印发四川省城乡居民住宅地震巨灾保险工作方案的通知》，川办函〔2017〕97号，http://www.leshan.gov.cn/lsszww/szfcwhyi/201705/4c4f49106167 44168ed0a9ae1022dacd.shtml，2017年5月1日。

州市中，临沧市的农户自筹保费高达 40.0 元，玉溪市的农户自筹保费最低，原因在于临沧市农户面临的地震巨灾风险高于大理和玉溪市农户。由此说明农户自担 40% 的农房地震保险保费具有合理性，本书的保费补贴规模测算也具有可行性。

第三节　促进农户投保行为的保费补贴制度优化思路

从上文可知，政府保费补贴制度通过价格机制弥补农户的支付意愿不足，通过诱导机制提升农户的投保意愿，总体来看，政府保费补贴对农户的投保行为有促进作用。不仅如此，田玲等（2015）也指出政府行为是在短期之内的可调整因素，因此可以通过优化现有保费补贴制度，更好地发挥保费补贴制度对农户投保行为的促进作用。通过总结现行农房地震保险保费补贴政策存在的问题，提出优化农房地震保险保费补贴制度的思路。

一　农房地震保险保费补贴制度存在的问题

结合农房地震保险试点现状以及与其他几款类似险种的比较，此处将农房地震保险的保费补贴制度存在的问题归纳如下。

一是农房地震保险保费补贴制度缺乏法律保障，政策的可持续性不佳。本书未能搜集到有关农房地震保险的保费补贴制度的政策文件或法律条款，实践中的保费补贴制度来源于各试点地区的保险方案，缺乏明确的法律依据。

二是农房地震保险保费补贴体系不完善，补贴标准不一。农房地震保险的保费补贴主要由地方政府承担，且各试点地区保费补贴标准存在较大差异。从现行试点情况可以看出，仅仅依靠地方政府出资，其可持续性欠佳，例如云南省大理州农房地震保险在试点三年之后，由于省级财政不再给予保费补贴，而使得保险金额和保费减少 60%，玉溪市农房地震保险在试点第二年由于缺乏政府保费补贴而无法续保。以地方财政为保费补贴支持主体，可以减轻中央财政负担，然而地方财政有可能由于财政压力过大无法持续给予保费补贴，导致农房地震保险无法继续开展。再加上政府灾后救助弥补了地震巨灾的绝大部分损失，农户出于框架效应，倾向于依赖政府救助，而非通过投保来应对地震巨灾风险。由此说明现行的农房地震保险保费补贴体系还有待进一步完善。

二 促进农户投保行为的保费补贴制度优化思路

（一）完善农房地震保险的立法体系与明确政策目标

农房地震保险有关法律的出台有助于实现农房地震保险的法治规范化。由于农房地震保险起步较晚且试点范围有限，保费补贴制度不完善，各试点地区保费补贴标准不一，通过国家立法的形式，可以明确农房地震保险在我国防灾减灾体系以及应急管理体系中的重要地位，有助于农房地震保险的进一步推广。此外，通过法律层面明确农房地震保险各行为主体的权利与责任，规范保费补贴制度标准，有助于农房地震保险的持续性发展。

再者，通过立法可以明确保费补贴制度与其他政府支持行为间的关系。正如前文所言我国现行救灾体系还是以政府救助为主，其中农房地震保险的灾后赔付金额占农房损失的20%，绝大部分的地震巨灾损失是由政府灾后救助承担。然而政府救助能够抑制农户投保的积极性，且让农户形成对政府的长期依赖心理，不利于农房地震保险的可持续发展。保费补贴可以促进农户投保，更好地发挥农房地震保险的事后经济补偿作用。通过立法，明确保费补贴体系设计，平衡保费补贴与灾后救助二者间的资金关系，提高财政应急管理投入资金的利用效率。

故此农房地震保险的政策目标是：发挥保费补贴制度对农户投保行为的激励作用，发展农房地震保险作为应对地震巨灾的重要手段，充分发挥农房地震保险的事后经济补偿作用。

（二）优化农房地震保险的保费补贴制度

鉴于农房地震保险保费补贴体系不健全，通过优化保费补贴制度，发挥保费补贴制度的价格机制，弥补农户支付意愿的不足，改善投保不足的现状。

第一，优化三级地方财政共担的保费补贴体系。目前农房地震保险的保费由省级、州市和县区三级地方财政承担，为充分发挥财政资金的惠农支农作用，需要明确各级政府的保费分担比例。各级财政的分担比例依据当地的经济发展情况、各级财政收入情况来确定。此外，还需明确三级财政保费补贴规模的最低下限和最高上限。保费补贴的最低额度应至少能够补足农户对农房地震保险的支付意愿缺口，确保农户能够顺利投保，避免补贴额度过低，造成农户的支付意愿缺口过大而无法达成保险交易。最高保费补贴额度则根据地方财政实力以及当地经济发展水平确定，避免补贴额度过高，造成过重的地方财政压力，影响地方财政保费补贴的可持续性。对经济欠发达、财政实力薄弱，无法支付合理保费补贴规模内既定补贴额度的地区，由中央财政给予政策倾斜，承担部分保费补贴额度。

第二，鼓励农户投保，在农户自担保费的基础上，给予保费补贴。一方面，政府统保统赔会给地方财政造成较大的财政负担，不利于农房地震保险的可持续发展；另一方面，缺乏农户参与，会使得农户对农房地震保险的认知匮乏，进一步加重农户对政府救助的框架效应，导致农户不愿意通过投保应对地震巨灾风险。因此，由农户和政府共同承担保费，代替政府全额承担保费，鼓励农户参与投保，有助于提高农户的保险认知，促进农户采取投保行为。此外，在农户参与投保的过程中，农户可同时进一步了解当地面临的地震巨灾风险，提高农户的风险感知水平，促进农户投保。

第三，实行差异化的农房地震保险保费补贴政策。由于我国各地的地震巨灾风险大小程度存在较大差异，将风险区划指数考虑到保费补贴制度中，实现保费补贴标准的差异化，可以减少统一保费补贴标准造成的道德风险和逆向选择问题，提高各地区农户的参保率。除了考虑风险区划指数之外，还需要考虑反映当地农户支付能力的经济因素。对于在地震巨灾风险较高且经济欠发达的地区，应给予更大力度的保费补贴。较高的地震巨灾风险使得承保人根据公平精算保费测算的农户应缴保费较高，而受限于自身的支付能力，农户愿意缴纳的保费相对较低，应缴保费和愿缴保费之间的差距越大，则农户的支付意愿缺口越大，更需要政府通过保费补贴介入农房地震保险市场，纠正市场失衡，保障农房地震保险市场的稳定性，促进农户投保。

第四，实行动态保费补贴制度。政府的保费补贴额度不是一成不变的，为了保障农房地震保险的可持续发展，有必要考虑动态的保费补贴制度。动态的保费补贴制度指的是地方政府根据当地经济发展以及当年的财政收支情况，并结合农户投保的实际情况，切合实际地调整农房地震保险的保费补贴比例。农房地震保险在试点初期的投保率相对较低，随着试点的不断推广和发展，当其投保率达到预期目标之后，政府可以考虑适当减少保费补贴比例。农户投保率的上升表明农户的风险感知和保险认知在不断提高，而农户的风险感知水平和保险认知水平是决定农户是否投保的关键因素。故当农户的风险感知和保险认知达到一定水平之后，政府可以逐渐减少保费补贴力度，更多地发挥农户的主观能动性，与此同时减轻财政负担，保证财政资金的使用效率。

第四节　本章小结

在分析保费补贴制度对农户投保行为的影响之前，本章首先分析了农房地震保险保费补贴制度的现状与问题，发现农房地震保险试点地区的保费补贴制度缺乏法律保障、可持续性不佳，面临着保费补贴体系不完善，补贴标准不一的问题。在此背景下分别论证保费补贴制度对投保意愿和支付意愿的影响。

首先，从保费补贴制度对农户投保意愿的影响来看：该部分采用三阶段完全信息动态博弈来分析保费补贴制度对农户投保意愿的影响，博弈分析的均衡结果为：政府选择提供保费补贴，农户愿意投保农房地震保险，共保体选择承保农房地震保险。在保费补贴制度的诱导机制下，农户投保的期望得益高于没有保费补贴下投保的期望得益，且高于保费补贴下不投保的期望得益，农户因为自身的效用提高，再加上对政府存在熟悉偏好和框架效应，使得农户的投保意愿增加，进而做出投保行为。这就是政府补贴制度对投保意愿的诱导机制发挥作用的过程。

其次，从保费补贴制度对农户支付意愿的影响来看：保费补贴主要通过价格机制影响农户的支付意愿。农户投保的现状分析表明农户存在投保意愿不足的问题，且第六章的实证分析表明农户存在支付意愿不足的问题。面对投保不足的现实情况以及支付意愿不足的实证结果，政府通过实行保费补贴制度，能够改变保费的相对价格，间接地降低农户的应缴保费，使得农户实际支付的保费不超过农户的愿缴保费，弥补农户支付意愿不足、改善农户投保不足的现状。这就是保费补贴制度通过价格机制影响农户支付意愿的作用过程。不仅如此，还基于云南农房地震保险试点支付意愿的实际数据，从最低保费补贴比例、各级政府保费补贴分担比例以及农户与各级政府的保费分担比例三个维度，测算了为弥补农户支付意愿不足，政府需要提供的实际保费补贴规模。

最后，为充分发挥保费补贴制度对农户投保行为的促进作用，该部分针对农房地震保险保费补贴制度存在的问题，从完善农房地震保险法律体系、明确政策目标以及优化农房地震保险的保费补贴体系两方面，提出农房地震保险保费补贴政策的优化思路。

第八章 研究结论与对策建议

第一节 研究结论

根据消费者行为理论，农户投保行为指农户在投保决策过程中形成的最终投保行为选择。农户的投保行为表现为农户是否愿意投保以及投保能力高低的问题，分别对应消费者选择理论中的投保意愿和支付意愿，因此选择投保意愿和支付意愿作为农户投保行为的代理变量，并从这两方面刻画农户的投保行为。

以促进试点农户投保为目标，首先基于相关理论和已有研究建立农户投保行为的内外维度分析框架。该框架认为投保行为表现为支付意愿和投保意愿两方面，且内部作用机制和外部制度环境共同影响农户的投保行为。其中，内部作用机制指相关因素对农户投保意愿的影响机制，以及通过应缴保费和愿缴保费反映的支付意愿价格机制。对农户投保行为产生影响的外部制度环境中，最重要的是保费补贴制度。基于此，在内部作用机制方面，构建了基于消费者行为理论的投保意愿分析框架，以及基于不确定性行为决策理论的支付意愿分析框架。在外部制度环境方面，建立保费补贴制度通过诱导机制影响农户投保意愿的分析框架，以及通过价格机制影响农户支付意愿的分析框架。其次，对云南农房地震保险试点中的农户投保现状进行分析，表明试点农户存在投保不足的问题。最后，结合云南试点数据，从投保意愿和支付意愿两方面，对农户投保行为的内部作用机理及外部作用机制做了实证研究。本书的主要研究结论归纳如下：

第一，农户投保意愿、支付意愿不足的内部维度因素，以及农房地震保险的属性、保险制度局限的外部维度因素，导致了农房地震保险试点农户投保不足的现状，但通过政府引导、实行保费补贴制度能够促进农户投保。从投保意愿看，农户对农房地震保险存在认知偏差和心理偏差，而农户的有限理性导致自身的风险认知水平较低、对保险的认可度不足，再加之存在其他地震巨灾风险应对方式对农房地震保险的替代效应，使得农户投保不足。从支付意愿来看，农房地震保险不属于农户的刚性需求，农户受预算约束限制，最高愿缴保费低于最低应缴保费，使得农户投保不足。从农房地震保险的属性看，准公共物品性和正外部性使得农户无法支付市场机制下的应缴保费，且导致保险市场失灵，存在"搭便车"现象，面临逆向选择和道德风险，农户不愿投保。从保险制度来看，农房地震保险覆盖面较窄，政府统保或农户自愿投保都不是最佳承保方式，保险制度设计的局限性使得农户投保客观不足。然而，通过政府政策引导、基层政府引导、实行保费补贴等，能够内部化农房地震保险的正外部性，激励农户做出投保行为。

第二，农户的风险感知水平、保险认知水平等投保决策过程因素对农户投保行为有显著正向影响；社会人口因素中农户教育水平、家庭收入对农户投保行为产生正向影响，而年龄、家庭外出打工人数对农户投保行为有负向影响。农户对地震历史及地震危害性等地震风险知识的了解程度越高，则风险感知水平越高，更愿意投保农房地震保险。而农户的投保经历主要来自农户对政策性保险的启发式认知偏差，过往投保经历能够对农户的投保行为产生正面影响。教育背景越好的农户，其保险认知和风险感知水平更高，更容易选择投保。家庭收入水平越高的农户，用于满足非刚性需求的预算资金越多，投保农房地震保险的意愿更强。然而，根据行为金融学中的可得性认知偏差以及心理上的模糊厌恶和熟悉偏差，越高龄的农户自身积累的经验越多，更倾向于选择自身熟悉的风险应对方式，不愿尝试农房地震保险。最后，农户存在过度自信的心理偏差，外出务工人数多的家庭倾向于通过储蓄等方式自留风险，而非选择投保。

第三，灾后救助、发放地震应急用品等政府支持保障行为抑制农户投保，而房屋结构、地区差异等客观因素对农户投保行为的影响不显著。根据行为金融学中的框定偏差，农户习惯于依赖政府救助，先前的受助经历导致对通过保险应对地震巨灾风险持负面态度，且重度受灾农户对政府的依赖性强于轻度受灾农户，导致农户不愿采取投保行为。此外，由于农户的投保行为受自身有限理性、客观不确定决策环境因素的影响，农户的风险偏好存在异质性，投保行为决策也呈现出非一致性，导致研究结果因研究对象的不同而存在差异，这也证实了分区域研究农房地震保险试点农户投保行为的合理性。

第四，保费补贴制度通过诱导机制影响投保意愿，通过价格机制影响支付意愿，促进农户做出投保行为。诱导机制方面，首先，保费补贴制度通过降低投保行为决策的不确定性，为农户提供信息，引导农户投保；其次，农户对政府的框架效应通过影响农户的保险认知，诱导农户投保；再次，根据博弈均衡的结果，政府实行保费补贴制度，能够增进整体的社会福利，提高农户投保的期望效用，诱导农户投保；最后，价格机制方面，一方面保费补贴间接改变投保与其他替代性风险应对方式的相对价格，提高农户的支付意愿，使得农户有能力投保。另一方面，试点农户存在最高愿缴保费低于最低应缴保费的问题，保费补贴制度能够降低农户的实际应缴保费，使保费处在农户的接受范围内，弥补支付意愿不足，促进农户投保。

第五，计算得到云南省的地震巨灾风险危险度指数、防御指数、脆弱性指数以及风险区划指数，并据此测算了云南省风险区域、州市的农房地震保险户均保费，最后得到为弥补农户支付意愿不足的最低保费补贴比例，以及农户与省级、州市、县区三级财政各自承担的保费规模。以风险一区为例，农户的最低应缴保费为99.1元，最高愿缴保费为77.0元，为弥补支付意愿不足，政府提供保费补贴的最低比例为22%（22.1元）。当农户承担40%（39.6元）的保费，则省级财政应承担9%（8.7元）的保费，而州市和县区财政应分别承担26%（25.4元）的保费。

第二节　对策建议

本书在分析农户投保行为时，着重考虑政府和农户两方行为主体。农户受自身教育水平、资金条件等客观因素限制，难以发挥主观能动性，自发提升风险感知水平和保险认知水平。然而政府行为在短期之内是可调整的（田玲等，2015），因此需要政府介入，发挥制度对农户投保行为的诱导机制和价格机制。借助农户对政府的依赖心理和框架效应，通过政府引导、宣传教育、保险制度优化等，提升农户的风险感知水平和保险认知水平。基于农户投保行为的内外维度分析框架，结合规范分析和实证分析结果，从政府角度提出促进农户投保行为的对策建议。

第一，发挥政府政策、基层政府宣教对农户的引导作用，提升农户的风险感知水平和保险认知水平，促进农户投保。首先，通过出台农房地震保险的相关政策法规，发挥政策引导作用，通过基层政府的防灾减灾宣传，或通过召开村民会议或发放宣传册，或通过电视、广播、手机等媒体终端，开展关于地震巨灾风险、地震应对常识以及农房地震保险等科普知识及防灾减灾知识的宣传，发挥基层政府对农户投保行为的积极引导作用，提升农户的风险意识和保险意识，促进农户投保。其次，通过开展接地气、充满活力的地震巨灾教育和保险教育，开展地震巨灾应急救援等演练活动，让农户意识到地震巨灾风险的严峻性且掌握基本避震常识。最后，通过向农户宣传农房地震保险的风险保障功能，帮助农户克服熟悉偏好、非贝叶斯法则偏差，培养理性的保险消费观念，同时帮助农户克服对政府的框架效应和依赖心理，提升农户的保险认知和风险感知水平。

第二，政府通过发挥投保农户带动不投保农户的羊群效应、试点农户带动非试点农户的示范效应，提高农户的保险认知水平，促进农户投保。首先，政府可以优先选择家庭经济条件相对优越、教育背景相对较好、相对年轻的农户作为鼓励投保的目标群体，通过基层政府思想引导，以及保险公司网点人员对农房地震保险的宣传和讲解，鼓励家庭境况好、受教育水平高或者相对年轻的家庭优先投保，为其他农户形成示范效应。由于受从众心理的影响，其他未投保农户会仿效已经投保农户而做出投保行为。其次，发挥试点农户带动非试点农户的投保示范效应。目前农房地震保险试点地区已经形成了符合当地地震巨灾风险管理需求的试点模式。为提升投保率，综合考虑非试点地区的风险情况、社会经济条件，将试点经验向其他非试点地区推广，由试点地区农户带非试点地区农户，提高农户的风险感知水平，促进农户投保。以云南农房地震保险的推广为例，首先把地震巨灾风险较为严峻的风险一区农户作为推广对象，形成示范效应之后，之后在风险二区和三区农户中推广，最后实现农房地震保险的全省覆盖。

第三，政府通过发展当地经济，减少外出务工等本土化因素对农户投保行为的负面影响，促进农户投保。由于家庭外出打工人数与农户投保行为间存在负向关系，且家庭年均收入与农户投保行为间存在正向关系，因此提高农户在当地的家庭收入，减少外出务工人员流动性显得尤为重要。结合当地经济社会实际情况，通过促进当地经济发展（Wang et al.，2017），实现资源的再分配（Jahangiri et al.，2011），并加强与外界的连接（Hanson-Easey et al.，2018），提高农户在家务农或者在当地从事非农工作的收入，减少外出务工人数，提高农户的投保率，促进农户投保。

第四，政府完善保费补贴制度的立法体系，通过保费补贴制度的诱导机制提升农户的投保意愿，减少政府救助对农户投保行为的抑制作用，促进农户投保。首先，完善农房地震保险法律体系有助于确立农房地震保险在我国防灾减灾体系以及应急管理体系中的重要地位。其次，明确各行为主体的权利与责任，规范保费补贴制度标准，有助于该保险的持续性发展。最后，通过立法可以明确保费补贴制度与其他政府支持保障行为之间的关系。具体而言，由于政府发放地震应急包以及灾后救助行为对农户的投保行为具有挤出效应，但是保费补贴制度可用于纠正投保不足（Farrin et al.，2016）且减少农户对政府救助的依赖性（Sauter et al.，2016），因此，政府可逐步减少灾后救助支出，并适当增加保费补贴力度。通过立法，平衡二者之间的资金关系，提高应急管理投入资金的利用效率，保障农房地震保险的可持续发展。不仅如此，根据行为金融学中的心理账户（饶育蕾等，2019），灾害救助资金在农户的消费账户中属于生活必需品的补充，而保费补贴相当于额外收入，通过减少政府直接救助支出，而对农户实行保费补贴，可以利用心理账户提升农户的投保意愿，鼓励农户投保。

第五，政府优化保费补贴体系，通过保费补贴制度的价格机制提升农户的支付意愿，促进农户投保。一是优化三级地方财政共担的保费补贴体系。一方面需要明确各级政府的保费分担比例，另一方面还需明确三级财政保费补贴规模的最低下限和最高上限。设置最低限额，是为了弥补支付意愿缺口，确保农户能够顺利投保。设置保费补贴比例的上限，是为了避免政府全额负担保费造成过重的财政压力，保证保费补贴制度的可持续性。二是鼓励农户参与投保，由农户和政府共同承担保费，农户参与从投保到灾后赔付的整个过程，使得农户能够亲身经历到保费补贴制度的价格机制，有助于提高农户的保险认知水平和风险感知水平，促进农户采取投保行为。此外，调研表明绝大多数农户愿意支付 50 元及以下的保费，由此说明适当地向农户收取保费的建议具有可行性。三是根据当地地震巨灾风险大小程度以及当地经济实力，实行差异化保费补贴制度。地震巨灾风险较高、经济欠发达的地区应获得更高的保费补贴额度。通过差异化保费补贴制度的价格机制，纠正市场失衡，保障农房地震保险市场的稳定性，促进农户投保。四是政府根据当地情况，实行动态保费补贴制度。随着农房地震保险的不断推广，当投保率达到预期目标之后，政府可适当减少保费补贴比例，通过保费补贴制度的价格机制激发农户投保的主观能动性。

第三节　研究不足与展望

由于人力、时间精力有限，本书存在以下几个方面的不足：

在研究内容方面，云南农房地震保险试点的投保行为包括农户的投保行为和政府的投保行为，以农户的投保行为为重点分析对象，将政府定位为保费补贴的提供者，将政府统保行为等同于对农户给予 100% 保费补贴的行为，没有将政府当作投保人展开分析。此外，由于精力有限，侧重于分析政府保费补贴制度对农户投保行为的影响，未考虑其他外部制度环境因素对农户投保行为的影响，且未对政府和承保人、农户和承保人间的相互关系做详细阐述。

在研究结论方面，以云南省作为分析案例，考虑了本土化因素，而且研究的农房地震保险方案以各试点方案为蓝本，综合了各试点地区保险方案的特点，又与各试点方案有所区别。该方案的投保人为农户，主要保险标的是包含室内外财产损失在内的农房综合损失，保险责任为单一的地震巨灾风险，为政府介入、农户自愿投保的政策性农房地震保险。因此，在运用本书研究结论分析国内其他农房地震保险试点中的农户投保行为时需谨慎。

在数据收集方面，问卷调查主要在云南农房地震保险的首个试点州市开展，由于受客观因素限制未能对另外三个试点地区开展实地调研，另外三个试点地区的数据主要通过政府网站等信息公开渠道以及到承保公司调研所得。

农房地震保险试点中的农户投保行为研究涉及多方面的理论和方法，本书探讨了其中的一些问题，然而还有如下几个问题有待进一步研究：

基于研究内容，可进一步探讨的问题包括：第一，进一步探索农户投保行为内在机理，深入细化农户的投保行为，不仅局限于投保行为的二分法，也可将投保行为细化为多投、一般投、少投、不投等行为集合。第二，对投保意愿的影响因素做进一步分析。基于投保意愿影响因素的分析，可借用解释结构模型、结构方程模型进一步解释影响因素之间的层次结构和相互影响机理。第三，进一步研究农户的支付意愿，可根据家庭收入细分农户群体，进一步探讨农户的投保行为。

基于研究结论，可以进一步研究的问题为：一是研究涵盖城市住宅的险种，探究城市居民的投保行为，与农户的投保行为形成对比；二是对其他试点地区的追踪调查，以及选取其他非试点州市作为对照组，开展实地调研，获取更多一手数据，与本书形成对比。

从研究视角看，进一步的研究可以从以下几个角度开展：第一，从农户的投保行为逻辑出发，在既定的政府目标和承保人目标下，研究农户的决策优化行为。第二，对政府的投保行为进行分析，与本书的农户投保行为形成对比。第三，从承保人的角度入手，分析承保人的承保决策行为，以及政府的支持保障行为对承保人的影响，研究政府和承保人之间的关系。

附录 农房地震保险试点中的农户投保行为调查问卷

问卷编号：_____

调查日期：_____年___月___日

为了解云南省大理州农房地震保险试点以来的实施情况，特意设计了此份问卷，从微观层面了解农户的投保行为，并分析影响农户投保行为的影响因素。希望您能抽出几分钟时间，将您的感受和建议告诉我们，我们将非常重视您的宝贵意见，期待您的参与！

备注：（1）破坏性地震指的是地震烈度在Ⅳ度及以上的地震；

（2）多选题会有"可多选"标注，若无标注则为单选题；

（3）带"＊"的题目为必填，其他为选填。

1. 您所在乡镇：_____县_____乡（镇）_____村 ＊

2. 您的性别是（   ）＊

A. 男　　　　　B. 女

3. 您的民族是（   ）＊

A. 汉族　　　　B. 白族　　　　C. 彝族　　　　D. 回族

E. 其他

4. 您的年龄为（   ）＊

A. 25 岁以下　　B. 25—34 岁　　C. 35—44 岁　　D. 45—54 岁

E. 55 岁及以上

5. 到目前为止，您的最高学历（包括在读）是（   ）＊

A. 小学及以下　　B. 初中　　　　C. 高中/中专/技校

D. 大学专科　　　E. 大学本科　　F. 硕士及以上

6. 您的家庭年收入（从各种途径得到的全部收入总和）为_____元 ＊

7. 您的家庭人口为_____；家庭劳动人口为_____；从事农业劳动人口为_____；外出务工劳动人口为_____。*

8. 您的家庭往年购买过何种保险（　　　）（可多选）*

A. 新农合　　　　B. 农村养老保险　C. 家庭财产保险

D. 人身意外伤害险　　　　　　E. 其他

9. 您是否了解居住地地震断裂带分布情况？（　　　）*

A. 了解　　　　B. 不了解　　　C. 未关注过

10. 您是否了解地震级数等地震知识？（　　　）*

A. 了解　　　　B. 不了解　　　C. 未关注过

11. 您是否了解居住地地震的历史？（　　　）*

A. 了解　　　　　B. 不了解　　　　C. 未关注过

12. 云南省大理州自 2015 年 8 月 21 日以来启动了农房地震保险，您对此是否了解？（　　　）*

A. 了解　　　　B. 不了解　　　　C. 未关注过

【若了解请继续回答第 13 题】

13. 若了解大理州农房地震保险，您通过什么渠道了解？（　　　）（可多选）

A. 政府推广宣传　　　　　B. 保险公司推广宣传

C. 广播　　　　　　　　　D. 电视

E. 报纸　　　　　　　　　F. 邻居

G. 其他

14. 现行大理州农房地震保险由中央、省、地方三级政府承担保费，若在试点期结束后，保费由您自行承担您是否愿意参保？（　　　）*

A. 不愿意　　　　B. 愿意

【若愿意参保，请继续回答第 15 题】

15. 您愿意支付多少保费？（　　　）

A. 最高保费支付意愿为 50 元以下

B. 最高保费支付意愿为 50—100 元

C. 最高保费支付意愿为 101—200 元

D. 最高保费支付意愿为 201—300 元

E. 最高保费支付意愿为 300 元以上

16. 您现在居住房屋的结构是？（　　　）*

（1）土搁梁结构：以夯土坯墙或夯土墙为主要承重结构和围护；（2）土木结构：以梁、柱为主要承重结构，围护土坯墙或夯土墙不承重；（3）砖木结构：有两种形式，一种为穿斗木架承重，一种为砖柱或砖墙承重；（4）砖混结构房屋：由毛石基础、砖墙、混凝土梁、楼板为主要承重结构；（5）框架结构：钢筋混凝土框架承重。

A. 土搁梁结构　B. 土木结构　　C. 砖木结构　　D. 砖混结构

E. 框架结构　　F. 其他

17. 您在修建、装修、改造房屋的过程中，是否考虑了抗震效果，对房屋采取加固行为？（　　　）*

A. 是　　　　　　B. 否

18. 您认为破坏性（地震烈度在Ⅳ度及以上）地震风险在您的居住地是否可能会发生？（　　　）*

A. 不太可能发生　　　　　　B. 有一定可能发生

C. 很可能发生

19. 您觉得一旦发生破坏性（6级以上）地震会损害您的房屋吗？（　　　）*

A. 会　　　　　B. 不会　　　　C. 不知道

20. 地震一旦发生，您的房屋倒塌了，您有能力重建吗？（　　　）*

A. 有能力

B. 没有能力，需要政府承担部分

C. 没有能力，需要政府完全承担

21. 您愿意以什么样的方式来应对地震等自然灾害？（　　　）*

【请将右侧的内容填至左侧，对以下选项进行排序】

1.	政府救助
2.	听天由命（神灵保佑）
3.	求助亲友
4.	购买农房地震保险
5.	提前防范

22. 政府是否给您提供了地震应急用品？（　　　）*

A. 是　　　　　B. 否

23.【该问题针对云龙县农户】2017 年 5 月 20 日，云龙发生了 3.7

级地震，（1）地震来临之前您是否知晓？（2）地震时你们一家如何反应？（3）此次地震对您是否有影响？（4）如果有影响，这次地震如何影响到了您和您的家庭（经济方面、精神方面)？（5）地震之后您得到了什么样的帮助？

24.【该问题针对云龙县农户】2016 年 5 月 18 日，云龙发生了 5.0 级地震，（1）地震来临之前您是否知晓？（2）地震时你们一家如何反应？（3）此次地震对您是否有影响？（4）如果有影响，这次地震如何影响到了您和您的家庭（经济方面、精神方面)？（5）地震之后您得到了什么样的帮助？

25.【该问题针对漾濞县农户】2017 年 3 月 27 日，漾濞发生了 5.1 级地震，（1）地震来临之前您是否知晓？（2）地震时你们一家如何反应？（3）此次地震对您是否有影响？（4）如果有影响，这次地震如何影响到了您和您的家庭（经济方面、精神方面)？（5）地震之后您得到了什么样的帮助？

26. 对于地震等自然灾害的风险管理，您有什么诉求？

【诉求包括：想进一步得到哪些帮助，例如了解更多自然灾害的知识；对政府、对保险公司进一步做好防震减灾工作有何期望等】

27. 您认为你们民族文化主要包括哪些？是否有针对对抗自然灾害（如地震）的民族文化？如果有，请描述。

【民族文化包括宗教文化、茶文化等。】

参考文献

［美］埃瑞克·班克斯：《巨灾保险》，杜墨、任建畅译，中国金融出版社 2011 年版。

［美］贝克·H. 肯特、诺夫辛格·约翰 R.：《行为金融学：投资者、企业和市场》，贺京同等译，中国人民大学出版社 2017 年版。

毕红静：《激励、制约与农民参与行为》，博士学位论文，吉林大学，2008 年。

曹旭平、唐娟：《消费者行为学》，清华大学出版社 2017 年版。

柴辉：《调查问卷设计中信度及效度检验方法研究》，《世界科技研究与发展》2010 年第 4 期。

陈共：《财政学》，中国人民大学出版社 2017 年版。

陈凯、黄滋才：《基于期望效用与前景理论的行为决策精算定价模型》，《保险研究》2017 年第 1 期。

陈利：《农业巨灾保险运行机制研究》，博士学位论文，西南大学，2014 年。

陈滔、完颜瑞云：《中国少数民族地区保险业发展的现状探析——以民族和宗教因素为视角》《保险研究》2009 年第 12 期。

戴靠山等：《中国地震保险的发展现状分析及其在风电产业应用初探》，《自然灾害学报》2018 年第 4 期。

邓湘博：《云南省大理农房地震保险满意度影响因素研究》，硕士学位论文，云南财经大学，2018 年。

丁少群、姚淑琼：《政策性农业保险在我国的发展研究——基于风险管理视角的制度分析》，西南财经大学出版社 2012 年版。

丁元昊：《巨灾保险需求研究》，博士学位论文，西南财经大学，2012 年。

董志勇：《行为金融学》，北京大学出版社 2009 年版。

［美］哈尔·R. 范里安：《微观经济学：现代观点》，费方域等译，上海人民出版社 2008 年版。

范丽萍：《OECD 典型国家农业巨灾风险管理制度研究》，博士学位论文，中国农业科学院，2015 年。

冯文丽：《农业保险补贴制度供给研究》，中国社会科学出版社 2012 年版。

冯祥锦：《森林保险投保行为研究》，博士学位论文，福建农林大学，2012 年。

葛文芳：《保险营销管理理论与实务》，清华大学出版社 2006 年版。

耿贵珍、王慧彦：《基于 POT – GPD 模型的地震巨灾损失分布研究》，《自然灾害学报》2016 年第 3 期。

郭振华：《行为保险学系列（六）：消费者选择理论视野下的理性保险决策（上）》，《上海保险》2016 年第 9 期。

郭振华：《行为保险学系列（十六）：保险市场失灵的解决办法》，《上海保险》2018 年第 6 期。

韩孟波：《基于累积前景理论的汽车保险消费者选择行为的实证分析》，《山西经济管理干部学院学报》2013 年第 1 期。

郝军章、崔玉杰：《基于 POT 模型的巨灾风险度量与保险模式研究——以地震风险为例》，《数理统计与管理》2016 年第 1 期。

何爱平等：《中国灾害经济研究报告》，科学出版社 2017 年版。

何树红：《云南地震灾害对经济发展的影响研究》，《云南民族大学学报（自然科学版）》2017 年第 5 期。

和嘉吉等：《2014 年云南地震灾害综述》，《地震研究》2015 年第 4 期。

贺京同、那艺：《行为经济学：选择、互动与宏观行为》，中国人民大学出版社 2015 年版。

胡渊：《期望效用、保险理论与农业保险的发展》，《农村金融研究》2010 年第 5 期。

皇甫岗等：《云南地震类型分区特征研究》，《地震学报》2007 年第 2 期。

［美］杰里·杰弗里·A. 、瑞尼·菲利普·J. ：《高级微观经济理论》，谷宏伟等译，中国人民大学出版社 2014 年版。

［美］昆雷泽·霍德华·C. 等：《与天为战：新巨灾时代的大规模风险管理》，刘洪生等译，东北财经大学出版社 2011 年版。

李飞等：《云南地震保险试点工作经验与推广对策研究》，《城市与减灾》，2019 年第 1 期。

李曼等：《中国农房地震指数保险指标设计研究》，《保险研究》2019 年第 4 期。

李晓霞、陈志杰：《期望效用最优意义的最优保险研究》，《佳木斯大学学报（自然科学版）》2007 年第 1 期。

李幸：《云南省农房地震保险产品设计与费率厘定研究》，硕士学位论文，云南财经大学，2015 年。

李永强、李年生：《城乡居民住宅地震巨灾保险风险模型》，云南科技出版社 2017 年版。

李云仙等：《基于混合模型对地震巨灾风险的分析》，《数理统计与管理》2017 年第 4 期。

李云仙、孟生旺：《基于分位数回归模型的地震巨灾风险评估》，《数理统计与管理》2019 年第 5 期。

李志祥等：《云南景洪电站水库库区断层与地震危险性分析》，《地震研究》2008 年第 2 期。

林宝清：《保险需求定量分析》，《金融研究》1992 年第 7 期。

刘丽：《自然灾害保险风险分析》，《自然灾害学报》2006 年第 1 期。

刘明波：《中国巨灾风险融资机制设计研究》，博士学位论文，西南财经大学，2014 年。

刘沐泽：《我国地震指数保险定价研究及模式选择》，博士学位论文，武汉大学，2015 年。

刘蔚：《中国农业保险保费补贴机制研究——基于主体及其行为》，西南财经大学出版社 2017 年版。

刘昕龙等：《地震巨灾保险共同体的风险转移效率研究》，《保险研究》2017 年第 4 期。

刘新立：《灾害救助与巨灾指数保险》，《中国保险》2014 年第 9 期。

刘妍等：《供给侧结构性改革视角下普惠保险发展研究》，中国银行保险监督管理委员会工作论文，北京，2018 年 6 月。

卢现祥、朱巧玲：《新制度经济学》，北京大学出版社 2012 年版。

［美］露西·F. 阿科特、［加］理查德·迪弗斯：《行为金融：心理、决策和市场》，戴国强等译，机械工业出版社 2017 年版。

罗祥文：《基于前景理论的虚拟财产保险定价研究》，《保险职业学院学报》2018 年第 5 期。

马丽雅：《大理州政策性农房地震保险试点绩效影响因素及改进研究》，硕士学位论文，云南财经大学，2019 年。

［美］曼昆：《经济学原理》，梁小民译，机械工业出版社 2013 年版。

茆诗松等：《概率论与数理统计教程》，高等教育出版社 2004 年版。

孟生旺等：《非寿险精算学》，中国人民大学出版社 2015 年版。

庞楷：《中国城镇居民人身保险消费行为研究》，博士学位论文，西南财经大学，2010 年。

彭钰翔：《云南省地震保险制度建设研究》，硕士学位论文，云南大学，2014 年。

秦芳等：《金融知识对商业保险参与的影响——来自中国家庭金融调查（CHFS）数据的实证分析》，《金融研究》2016 年第 10 期。

秦涛等：《农户森林保险需求的影响因素分析》，《中国农村经济》2013 年第 7 期。

饶育蕾等：《行为金融学》，机械工业出版社 2019 年版。

盛敏：《我国保险消费选择行为的经济分析及实验研究》，博士学位论文，同济大学，2007 年。

史培军：《再论灾害研究的理论与实践》，《自然灾害学报》1996 年第 4 期。

史培军：《三论灾害研究的理论与实践》，《自然灾害学报》，2002 年第 3 期。

史培军、刘燕华：《巨灾风险防范的中国范式》，《美中公共管理》2009 年第 6 期。

司洁陈：《代理变量在数据缺失中的应用》，数量经济学视野下经济管理与贵州发展研究会论文，贵州，2013 年。

［美］斯凯博·小哈罗德：《国际风险与保险：环境—管理分析》，荆涛等译，机械工业出版社 1999 年版。

孙玉华：《g - hVaR 模型在我国地震保险中的应用》，硕士学位论文，东北财经大学，2016 年。

唐彦东：《灾害经济学》，清华大学出版社 2011 年版。

陶正如、陶夏新：《基于工程地震风险评估的地震保险费率厘定》，《自然灾害学报》2004 年第 2 期。

田玲等：《我国自然灾害公众责任险定价与财政分担研究》，《保险研究》2015 年第 3 期。

田玲等：《政府行为、风险感知与巨灾保险需求的关联性研究》，《中国软科学》，2015 年第 9 期。

田玲等：《基于 CVaR 的地震巨灾保险基金规模测算》，《经济评论》2016 年第 4 期。

田玲、屠鹃：《农村居民地震风险感知及影响因素分析——以云南省楚雄州的调研数据为例》，《保险研究》2014 年第 12 期。

田玲、姚鹏：《保险费率厘定研究》，《北京理工大学学报（社会科学版)》2013 年第 3 期。

田玲、姚鹏：《基于随机模拟技术的地震风险评估与损失分担机制设计》，《中国人口·资源与环境》2013 年第 5 期。

田敏等：《政策性农业保险参与主体博弈行为模型改进研究》，《江苏农业科学》2019 年第 10 期。

完颜瑞云、锁凌燕：《保险消费决策行为分析——一个行为保险学的研究框架》，《保险研究》2016 年第 1 期。

王芳：《海南农业保险补贴与需求分析》，经济科学出版社 2011 年版。

王和：《我国地震保险方案研究》，《保险研究》，2008 年第 6 期。

王和等：《巨灾风险分担机制研究》，中国金融出版社 2013 年版。

王和、王俊：《中国农业保险巨灾风险管理体系研究》，中国金融出版社 2013 年版。

王和、王平：《中国地震保险研究》，中国金融出版社 2013 年版。

王化楠：《中国整合性巨灾风险管理研究》，博士学位论文，西南财经大学，2013 年。

王文举：《保险问题博弈分析与经济动态仿真》，科学出版社 2011 年版。

王翔等：《农房地震保险费率厘定研究——以云南省为例》，《保险研究》2015 年第 8 期。

王晓田、王鹏：《决策的三参照点理论：从原理到应用》，《心理科学进展》2013 年第 8 期。

王学冉：《巨灾保险市场参与主体间的激励与约束问题研究》，博士学位论文，西南财经大学，2013 年。

王洋龙等：《云南红河南沙水库诱发地震的初步探讨》，《地震研究》2007 年第 3 期。

王瑛等：《云南省农村乡镇地震灾害房屋损失评估》，《地震学报》2005 年第 5 期。

王瑛等：《中国农村地震灾害特点及减灾对策》，《自然灾害学报》2005 年第 1 期。

魏钢、焦洁：《财政风险、财政治理结构与巨灾保险》，《金融博览》2017 年第 7 期。

吴秀君、王先甲：《基于序期望效用的洪水保险需求研究》，《水利经济》2009 年第 3 期。

吴玉锋：《农村社会资本与参保决策研究》，博士学位论文，华中科技大学，2012 年。

郗蒙浩等：《基于区域自然灾害风险区划的应急救援物资储备设施选址方法与应用》，《安全与环境学报》2016 年第 1 期。

谢识予：《经济博弈论》，复旦大学出版社 2002 年版。

许闲、张涵博：《中国地震灾害损失评估：超概率曲线方法与经验数据》，《保险研究》2013 年第 9 期。

杨柳明：《将巨灾保险纳入我国重大自然灾害防御体系建设的思考》，《区域金融研究》2014 年第 6 期。

袁庆明：《新制度经济学》，中国发展出版社 2005 年版。

云南省地震灾害损失评定委员会、云南省地震局：《1992—2010 云南地震灾害损失评估及研究》，云南科技出版社 2012 年版。

张荣长：《云南省自然灾害损失分布及其应对研究》，硕士学位论文，云南大学，2013 年。

张述林：《试论投保人行为的复合决策过程》，《重庆社会科学》1996 年第 5 期。

张旭升：《保险学意义上风险与灾害等概念的界定》，《上海保险》2010 年第 4 期。

张岳：《巨灾保险需求的影响因素研究》，博士学位论文，武汉大学，2012 年。

赵尚梅等：《多主体风险分担模式下应急财政准备金的度量》，《系统工程》2015 年第 11 期。

周光全等：《云南地区地震灾害损失的基本特征》，《自然灾害学报》2003 年第 3 期。

周振、谢家智：《农业巨灾与农民风险态度：行为经济学分析与调查佐证》，《保险研究》2010 第 9 期。

周志刚：《风险可保性理论与巨灾风险的国家管理》，博士学位论文，复旦大学，2005 年。

周志刚：《地震保险购买意愿研究》，博士学位论文，西南财经大学，2014 年。

祝伟、陈秉正：《我国居民巨灾保险需求影响因素分析——以地震风险为例》，《保险研究》2015 年第 2 期。

卓志、段胜：《构建中国特色巨灾指数：思路与条件》，《财经科学》2013 年第 1 期。

卓志、邝启宇：《巨灾保险市场演化博弈均衡及其影响因素分析——基于风险感知和前景理论的视角》，《金融研究》2014 年第 3 期。

Abbas A. , et al. , "Non – Structural Flood Risk Mitigation Under Developing Country Conditions: An Analysis on the Determinants of Willingness to Pay for Flood Insurance in Rural Pakistan", *Natural Hazards*, Vol. 75, No. 3, 2015.

Armaş I. , "Earthquake Risk Perception in Bucharest, Romania", *Risk Analysis*, Vol. 26, No. 5, 2006.

Arrow K. J. , "The Role of Securities in the Optimal Allocation of Risk – Bearing" in Farrell, M. J. , ed. *Readings in Welfare Economics: A Selection of Papers from the Review of Economic Studies*, London: Macmillan Education UK, 1973.

Athavale M. and Avila S. M. , "An Analysis of the Demand for Earthquake Insurance", *Risk Management and Insurance Review*, Vol. 14, No. 2, 2011.

Battersby M. , *Behavioral Science and Insurance*, St. Louis: Reinsurance

Group of America (RGA), 2018.

Bernoulli D. , "Exposition of a New Theory on the Measurement of Risk", *Econometrica*, Vol. 22, No. 1, 1738—1954.

Blaikie P. , et al. , *At Risk: Natural Hazards, People's Vulnerability and Disasters*, London: Routledge, 2004.

Bommier A. , and Grand FL, "Too Risk Averse to Purchase Insurance?", *Journal of Risk and Uncertainty*, Vol 48, No. 2, 2014.

Borch K. , "Equilibrium in a Reinsurance Market", *Econometrica*, Vol. 30, 1962.

Borch K. , "General Equilibrium in the Economics of Uncertainty" in Mossin BJ, ed. *Risk and Uncertainty: Proceedings of a Conference Held by the International Economic Association*, London: Palgrave Macmillan UK, 1968.

Botzen W. J. , et al. , "Willingness of Homeowners to Mitigate Climate Risk through Insurance", *Ecological Economics*, Vol. 68, No. 8, 2009.

Botzen W. W. , Van Den Bergh, J. C. , "Risk Attitudes To Low – Probability Climate Change Risks: WTP For Flood Insurance" . *Journal Of Economic Behavior & Organization*, 2012, 82 (1): 151 – 166.

Cannon T. , "Vulnerability Analysis and the Explanation of 'Natural' Disasters", *Disasters, Development and Environment*, Vol. 1, 1994.

Cao M. , et al. , "The Influence Factors Analysis of Households' Poverty Vulnerability in Southwest Ethnic Areas of China Based on the Hierarchical Linear Model: A Case Study of Liangshan Yi Autonomous Prefecture", *Applied Geography*, Vol. 66 (Supplement C), 2016.

Coase R. H. , "The Lighthouse in Economics", *The Journal of Law and Economics*, Vol. 17, No. 2, 1974.

Coase R. H. , "The Problem of Social Cost", *Journal of Law and Economics*, Vol. 3, 1960.

Coase R. H. , "The Nature of the Firm", *Economica*, Vol. 4, No. 16, 1937.

Cowen T. , *Public Goods and Market Failures: A Critical Examinations*, New Jersey: Transaction Publishers, 1992.

Eeckhoudt L. and Gollier C. , *Risk: Evaluation, Management and Sha-*

ring, New York: Harvester Wheatsheaf, 1995.

Ehrlich I. and Becker G. S., "Market Insurance, Self – Insurance, and Self – Protection", *Journal of Political Economy*, Vol. 80, No. 4, 1972.

Farrin K., et al., *How Do Time and Money Affect Agricultural Insurance Uptake？: A New Approach to Farm Risk Management Analysis*, United States Department of Agriculture, Economic Research Service, 2016.

Frees E. W., *Regression Modeling with Actuarial and Financial Applications*, Cambridge, England: Cambridge University Press, 2009.

Friedl A., et al., "Insurance Demand and Social Comparison: An Experimental Analysis", *Journal of Risk and Uncertainty*, Vol. 48, No. 2, 2014.

Gaillard J. C., "Resilience of Traditional Societies in Facing Natural Hazards", *Disaster Prevention and Management: An International Journal*, Vol. 16, No. 4, 2007.

Gaillard J. C. and Texier, P., "Religions, Natural Hazards, and Disasters: An Introduction", *Religion*, Vol. 40, No. 2, 2010.

Gilboa I. and Schmeidler D., "Case – Based Decision Theory", *The Quarterly Journal of Economics*, Vol. 110, No. 3, 1995.

Gollier C., "About the Insurability of Catastrophic Risks", *Geneva Papers on Risk and Insurance – Issues and Practice*, Vol. 22, No. 83, 1997.

Grothmann T. and Reusswig, F., "People at Risk of Flooding: Why Some Residents Take Precautionary Action While Others Do Not", *Natural Hazards*, Vol. 38, No. 1, 2006.

Haer T., et al., "Integrating Household Risk Mitigation Behavior in Flood Risk Analysis: An Agent – Based Model Approach", *Risk Analysis*, Vol. 37, No. 10, 2017.

Hanson – Easey S., et al., "Risk Communication for New and Emerging Communities: The Contingent Role of Social Capital", *International Journal of Disaster Risk Reduction*, Vol. 28, 2018.

Hosseini K. A., et al., "An Investigation into the Socioeconomic Aspects of Two Major Earthquakes in Iran", *Disasters*, Vol. 37, No. 3, 2013.

Jahangiri K. , et al. , "A Comparative Study on Community – Based Disaster Management in Selected Countries and Designing a Model for Iran", *Disaster Prevention and Management: An International Journal*, Vol. 20, No. 1, 2011.

Jenkinson A. F. , "The Frequency Distribution of the Annual Maximum (or Minimum) Values of Meteorological Elements", *Quarterly Journal of the Royal Meteorological Society*, Vol. 81, No. 348, 1955.

Kahneman D. and Tversky A. , "Prospect Theory: An Analysis of Decisions Under Risk", *Econometrica*, Vol. 47, 1979.

Kung Y. W. , and Chen S. H. , "Perception of Earthquake Risk in Taiwan: Effects of Gender and Past Earthquake Experience", *Risk Analysis*, Vol. 32, No. 9, 2012.

Kunreuther H. , "Limited Knowledge and Insurance Protection", *Public Policy*, Vol. 24, No. 2, 1976.

Kunreuther H. , C. , et al. , *Insurance and Behavioral Economics: Improving Decisions in the Most Misunderstood Industry*, Cambridge: Cambridge University Press, 2013.

Kuo Y – L. , "Is There A Trade – Off Between Households' Precautions, Mitigations and Public Protection For Flood Risk? ". Environmental Hazards, 2016, 15 (4): 311 –326.

Loomes G. and Sugden R. , "Regret Theory: An Alternative Theory of Rational Choice Under Uncertainty", *The Economic Journal*, Vol. 92, No. 368, 1982.

Machina M. J. , "Expected Utility Analysis Without the Independence Axiom", *Econometrica: Journal of the Econometric Society*, Vol. 50, No. 2, 1982.

Machina M. J. , "Dynamic Consistency and Non – Expected Utility Models of Choice Under Uncertainty", *Journal of Economic Literature*, Vol. 27, No. 4, 1989.

Mossin J. , "Aspects of Rational Insurance Purchasing", *Journal of Political Economy*, Vo. 76, No. 4, 1968.

North D. C. , "Economic Performance Through Time", *The American E-*

conomic Review, Vol. 84, No. 3, 1994.

Oral M., et al., "Earthquake Experience and Preparedness in Turkey", *Disaster Prevention and Management: An International Journal*, 2015, 24 (1): 21 -37.

Pickands J., "Statistical Inference Using Extreme Order Statistics", *The Annals of Statistics*, Vol. 3, No. 1, 1975.

Prati G. and Pietrantoni L., "Marriage Following the 1997 Umbria - Marche (Italy) Earthquake", *Disaster Prevention and Management: An International Journal*, Vol. 23, No. 1, 2014.

Pynn R. and Ljung G. M., "Flood Insurance: A Survey of Grand Forks, North Dakota, Homeowners", *Applied Behavioral Science Review*, Vol. 7, No. 2, 1999.

Quarantelli E. L., "Statistical and Conceptual Problems in the Study of Disasters", *Disaster Prevention and Management: An International Journal*, Vol. 10, No. 5, 2001.

Raschky P. A. and Weck - Hannemann H., "Charity Hazard - a Real Hazard to Natural Disaster Insurance?" *Environmental Hazards*, Vol. 7, No. 4, 2007.

Richter A., et al., "Behavioral Insurance: Theory and Experiments", *Journal of Risk and Uncertainty*, Vol. 48, No. 2, 2014.

Sauter P. A., et al., "To Insure or Not to Insure? Analysis of Foresters' Willingness - to - Pay for Fire and Storm Insurance", *Forest Policy and Economics*, Vol. 73, 2016.

Seifert I., et al., "Influence of Flood Risk Characteristics on Flood Insurance Demand: A Comparison Between Germany and the Netherlands", *Natural Hazards and Earth System Sciences*, Vol. 13, No. 7, 2013.

Seko M., "Earthquake Insurance Subscription Rates and Regional Cross - Subsidies", in Seko M., ed, *Housing Markets and Household Behavior in Japan*, Singapore: Springer Singapore, 2019.

Shleifer A., *Inefficient Markets: An Introduction to Behavioural Finance*, Oxford: Oxford University Press, 2000.

Simon H. A., "Rational Choice and the Structure of the Environment",

Psychological Review, Vol. 63, No. 2, 1956.

Skees J. R., "Innovations in Index Insurance for the Poor in Lower Income Countries", *Agricultural and Resource Economics Review*, Vol. 37, No. 1, 2008.

Sung K. C. J., et al., "Behavioral Optimal Insurance", *Insurance Mathematics & Economics*, Vol. 49, No. 3, 2011.

Surminski S., et al., "Reflections on the Current Debate on How to Link Flood Insurance and Disaster Risk Reduction in the European Union", *Natural Hazards*, Vol. 79, No. 3, 2015.

Surminski S. and Hudson P., "Investigating the Risk Reduction Potential of Disaster Insurance Across Europe", *The Geneva Papers on Risk and Insurance – Issues and Practice*, Vol. 42, No. 2, 2017.

Takao A. and Yamasaki T., *A Proposal to Construct " Behavioral Insurance Theory*, Rokko: Japan Kobe University, 2009.

Tausch F., et al., "An Experimental Investigation of Risk Sharing and Adverse Selection", *Journal of Risk and Uncertainty*, Vol. 48, No. 2, 2014.

Tian L. and Yao P., "Preferences for Earthquake Insurance in Rural China: Factors Influencing Individuals' Willingness to Pay", *Natural Hazards*, Vol. 79, No. 1, 2015.

Tian L., et al., "Perception of Earthquake Risk: A Study of the Earthquake Insurance Pilot Area in China", *Natural Hazards*, Vol. 74, No. 3, 2014.

Tversky A. and Kahneman D., "Advances in Prospect Theory: Cumulative Representation of Uncertainty", *Journal of Risk and Uncertainty*, Vol. 5, No. 4, 1992.

UNISDR. *Words into Action Guidelines: National Disaster Risk Assessment*, UNISDR, 2017.

UNISDR. *Poverty & Death: Disaster Mortality* 1996 – 2015, UNISDR, 2016.

Von Neumann J. and Morgenstern O., *Theory of Games and Economic Behavior*, Princeton: Princeton University Press, 1944.

Wang D. , et al. , "Homeowner Purchase of Insurance for Hurricane – Induced Wind and Flood Damage", *Natural Hazards*, Vol. 88, No. 1, 2017.

Wang M. , et al. , "Are People Willing to Buy Natural Disaster Insurance in China? Risk Awareness, Insurance Acceptance, and Willingness to Pay", *Risk Analysis*, Vol. 32, No. 10, 2012.

Wang Z. , et al. , *Earthquake Risk and Earthquake Catastrophe Insurance for the People' s Republic of China*, A. D. Bank, 2009.

Wisner B. , "Assessment of Capability and Vulnerability". *Mapping Vulnerability: Disasters, Development and People*, 2004.

Wisner B. and Luce, H. R. , "Disaster Vulnerability: Scale, Power and Daily Life", *Geojournal*, Vol. 30, No. 2, 1993.

Wright B. D. and Hewitt J. A. , "All – Risk Crop Insurance: Lessons from Theory and Experience" in Hueth D. L. and Furtan W. H. , eds. *Economics of Agricultural Crop Insurance: Theory and Evidence*, Dordrecht: Springer Netherlands, 1994.

Xu X. and Feng, J. , "Earthquake Disasters, Marriage, and Divorce: Evidence from China 2000 – 2011", *Disaster Prevention and Management: An International Journal*, Vol. 25, No. 1, 2016.

Yoko S. , "Progress or Repetition? Gender Perspectives in Disaster Management in Japan", *Disaster Prevention and Management: An International Journal*, Vol. 23, No. 2, 2014.

Zhang C. – M. and Qian, Z – W. , "Minority Community Willingness to Pay for Earthquake Insurance", *Disaster Prevention and Management: An International Journal*, Vol. 27, No. 5, 2018.

后　记

回顾四年的博士研究生学习生活，颇有感慨和收获。本书从选题到定稿，几易其稿，都是在导师的指导下完成的，同时也有自己的努力。值此著作付梓之际，谨向所有关心和帮助过我的人表示由衷感谢！

首先要感谢我的导师云南财经大学巨灾风险管理研究中心主任、金融学院党委副书记、副院长钱振伟教授。感谢导师在我求学期间给我参与课题的机会，引导我踏上巨灾风险管理与保险领域的研究道路；与此同时，感谢导师给我机会到业界实习、到云南农房地震保险试点地区开展调研工作，导师常教导"脚下沾有多少泥土，心中存在多少真情"，培养我脚踏实地、理论联系实际、学以致用的严谨科学研究态度。本书的选题是基于导师一直以来对地震巨灾保险的深入研究，经过导师的耐心指导以及我们的多次探讨，最终选择的研究题目。在本书写作过程中，导师在写作框架、研究设计、数据资料筛选以及具体研究内容上给予了精心指导。导师创新的学术思维、渊博的专业知识、严谨的治学态度对我的学习和工作产生了非常重要的影响。

感谢云南财经大学给予我的学习机会，以及教导和帮助过我的老师们。在我攻读博士学位期间，李云仙老师、李江城老师给予了我许多的指点和帮助，他们在科研、教学中深厚的理论功底及务实的科研精神，使我受益匪浅。

感谢云南师范大学给予我在职深造的机会，并全额资助此书的出版。感谢学校、学院领导对我的支持和帮助。感谢彭浩老师、赵茂老师、李丽老师、郭秋平老师及袁中美老师等对我求学期间的帮助和指教。

最后感谢在背后默默支持我的亲人们，尤其是我的爱人赵义先生，他们一如既往的支持、鼓励和照顾，才使我能心无旁骛地完成学业。同时对求学期间给予我帮助和支持的单位和个人表示感谢。

张春敏

2021 年 2 月